EDUCAÇÃO MATEMÁTICA:
DA TEORIA À PRÁTICA

COLEÇÃO
PERSPECTIVAS EM EDUCAÇÃO MATEMÁTICA

A matemática está presente em todos os níveis da educação escolar, tem grande importância em várias outras áreas do conhecimento, como instrumento, e faz parte de nosso cotidiano na forma de noções como porcentagens, estatísticas, juros etc.

Portanto, ampliar e consolidar um espaço para discussão de temas de interesse para a Educação Matemática é uma ação fundamental, sobretudo no que se refere a estreitar os laços entre a sala de aula, o desenvolvimento e a pesquisa.

A Sociedade Brasileira de Educação Matemática (Sbem), fundada em 1988, persegue tal meta, e esta série é um passo natural nesse percurso: avançamos aqui em colaboração com a Papirus. O que se pretende é oferecer um conjunto de obras nas quais os processos da Educação Matemática sejam examinados e discutidos com amplitude ou, em outras palavras, oferecer textos que, abordando seus temas de maneira profunda, mantenham o compromisso com a necessidade de articulação das três áreas de atuação já mencionadas.

Alcançar o objetivo de favorecer um debate comum a toda a comunidade é o que moverá e guiará a existência desta série. Os interessados em submeter textos para eventual inclusão nesta coleção devem entrar em contato com seu coordenador pelo e-mail *romlins@rc.unesp.br.*

Romulo Campos Lins

UBIRATAN D'AMBROSIO

EDUCAÇÃO MATEMÁTICA:
DA TEORIA À PRÁTICA

PAPIRUS EDITORA

Capa Fernando Cornacchia
Foto de capa Rennato Testa
Copidesque Lúcia Helena Lahoz Morelli
Diagramação DPG Editora
Revisão Aurea Guedes de Tullio Vasconcelos e Cristiane Rufeisen Scanavini

Dados Internacionais de Catalogação na Publicação (CIP)
(Câmara Brasileira do Livro, SP, Brasil)

D'Ambrosio, Ubiratan, 1932-
Educação matemática: Da teoria à prática/Ubiratan D'Ambrosio. – 23ª ed. – Campinas, SP: Papirus, 2012. – (Coleção Perspectivas em Educação Matemática)

ISBN 978-85-308-0410-7

1. Educação 2. Matemática 3. Matemática – Estudo e ensino 4. Matemática – Filosofia I. Título. II. Série.

12-00457 CDD-510.7

Índice para catálogo sistemático:

1. Educação matemática 510.7
2. Matemática: Estudo e ensino 510.7

23ª Edição – 2012
11ª Reimpressão – 2025
Tiragem: 150 exs.

Exceto no caso de citações, a grafia deste livro está atualizada segundo o Acordo Ortográfico da Língua Portuguesa adotado no Brasil a partir de 2009.

R. Barata Ribeiro, 79, sala 316 – CEP 13023-030 – Vila Itapura
Fone: (19) 3790-1300 – Campinas – São Paulo – Brasil
E-mail: editora@papirus.com.br – www.papirus.com.br

SUMÁRIO

INTRODUÇÃO À 23ª EDIÇÃO

Este livro, agora em reedição revista e atualizada, teve origem na disciplina "Tendências da educação matemática", que ministro há mais de 20 anos, inicialmente no Programa de Pós-graduação em Educação Matemática do Instituto de Geociências e Ciências Exatas da Unesp, em Rio Claro, e depois em várias outras instituições. Tratando-se de tendências, a disciplina está sempre em atualização, procurando refletir sobre o que vem se passando na área de educação matemática.

Falar em tendências da educação matemática é muito subjetivo. Reflete a minha interpretação de como vejo o movimento de educação matemática em todo o mundo e como isso a afeta no Brasil. A estratégia de interpretação é a análise que faço do estado do mundo, das ameaças à civilização e das numerosas possibilidades abertas pela presença marcante dos meios digitais. A globalização, um fato histórico da ocupação do planeta, demanda agora prioridade a questões locais. É o que vem sendo chamado de *glocalização*, que é foco do programa etnomatemática e que é facilitado pela difusão de redes sociais.

Um dos aspectos fundamentais da minha interpretação é a maneira de ver matemática e educação. Vejo a disciplina *matemática* como uma estratégia desenvolvida pela espécie humana, ao longo de sua história, para explicar, entender e manejar o imaginário e a realidade sensível e perceptível, bem como conviver com eles, evidentemente dentro de um contexto natural e cultural. Isso se dá da mesma maneira com as técnicas, as artes, as religiões e as ciências em geral. Trata-se da construção de corpos de conhecimento em um mesmo contexto temporal e espacial que, obviamente, têm variado de acordo com a geografia e a história de indivíduos e dos vários grupos culturais a que eles pertencem – famílias, tribos, grêmios profissionais, sociedades, civilizações. A finalidade maior desses corpos de conhecimento tem sido a vontade, que é efetivamente a resposta às necessidades de sobreviver no ambiente e de transcendê-lo, espacial e temporalmente.

Vejo *educação* como uma estratégia de estímulo ao desenvolvimento individual e coletivo gerada pelos grupos culturais, com a finalidade de se manterem como tais, respeitando suas raízes culturais, e de avançarem na satisfação de necessidades de sobrevivência e de transcendência.

Consequentemente, matemática e educação são estratégias contextualizadas e totalmente interdependentes. Procuro entender a evolução de ambas e analisar as tendências como as vejo no estado atual da civilização, e daí fazer algumas propostas, dentro das limitações próprias. Essa é a essência deste livro.

Ele está organizado em capítulos, segundo minha percepção de como deve ser um programa de formação de professores de matemática, isto é, do que é relevante e importante para ser considerado em educação matemática. Em outros termos, segundo as variáveis que considero críticas na educação matemática.

A educação, de modo geral, depende de variáveis que se aglomeram em direções muito amplas: (a) o aluno que está no processo educativo, como um indivíduo procurando realizar suas aspirações e responder às suas inquietudes; (b) sua inserção na sociedade e as expectativas da sociedade com relação a ele; (c) as estratégias dessa sociedade para realizar tais expectativas; (d) os agentes e os instrumentos para executar essas estratégias; (e) o conteúdo que é parte dessa estratégia.

De maneira geral, a análise dessas variáveis tem se constituído em algumas especialidades: (a) aprendizagem e cognição; (b) objetivos e filosofia da educação; (c) ensino e estrutura e funcionamento da escola; (d) formação de professores e metodologia; (e) conteúdos disciplinares.

Lamentavelmente, na organização dos nossos cursos de licenciatura e de magistério, e igualmente na pós-graduação, tem havido ênfase reducionista em algumas dessas áreas, com exclusão de outras. Cria-se a figura dos especialistas, com suas áreas de competência. Aos psicólogos, compete se preocuparem com (a); aos filósofos, com (b); aos pedagogos, com (c) e (d); e aos matemáticos, com (e). Como se fosse possível separar essas áreas.

Procurei minimizar o tratamento disciplinar da educação matemática e adotar um enfoque holístico. Mas estou muito longe de ser um James Joyce e acabei recaindo na organização do livro em capítulos, que refletem o estado atual do conhecimento, que ainda é essencialmente disciplinar. No seu todo, os capítulos apontam para uma abordagem holística e transdisciplinar da educação matemática.

Falar em uma abordagem holística sempre causa alguns arrepios no leitor ou no ouvinte, assim como falar em transdisciplinaridade, em etnomatemática, em enfoque sistêmico, em globalização e em multiculturalismo. E quando falo em uma educação para a paz, a maioria vem com o questionamento: "Mas o que tem isso a ver com a educação matemática?". E eu respondo: "Tem tudo a ver".

Essencialmente, todas essas denominações que causam arrepios são praticamente a mesma coisa. Salvo nuanças, todas refletem o amplo esforço de contextualizar nossas ações, como indivíduos e como sociedade, num ideal de paz e de uma humanidade feliz. Reconheço que essa é minha utopia. E como educador procuro orientar minhas ações nessa direção. Como ser educador sem ter uma utopia?

Poderia sintetizar todo meu posicionamento dizendo que só faz sentido insistirmos em educação se for possível conseguir, por meio dela, um desenvolvimento pleno, e desenvolvimento pleno não significa apenas melhores índices de alfabetização, ou melhores índices econômicos e controle da inflação, ou qualidade total na produção, ou quaisquer dos vários índices propostos por políticos, economistas e governantes. Desenvolvimento pleno significa atingirmos melhor qualidade de vida e maior dignidade do ser humano, o que depende essencialmente do encontro do respeito de um indivíduo com outros indivíduos e da condução de nossas relações com o meio ambiente.

Não é difícil conhecermos um indivíduo ou termos um conhecido classificado como rico, classe A, bem-vestido, com uma excelente posição, e pensarmos: "Coitado, ele teria tudo para ser feliz, mas é tão infeliz. Coitado!". E também sempre lembramos de um indivíduo que nos leva a pensar: "Incrível, esse cara tem tantos problemas, luta com tantas dificuldades, mas parece estar sempre de bem com a vida". Assim inicio minhas reflexões sobre qualidade de vida e sobre o que é viver com dignidade, e proponho um estilo de vida que leve o indivíduo a se sentir em paz consigo mesmo, a ser capaz de encostar a cabeça no travesseiro, seu melhor e único confidente, e dormir uma noite tranquila. Se um indivíduo não conseguir isso, mesmo sabendo muita matemática ou tendo um bom salário e um emprego solidamente estável, podemos concluir que algo está errado com ele. Atingir o estado de *paz interior* é uma prioridade. Muitos ainda estarão se perguntando: "Mas isso tem alguma relação com educação matemática?". E eu insisto em dizer: "Tem total relação".

O bom relacionamento com o nosso travesseiro torna-se difícil com todos os problemas que enfrentamos no dia a dia. E o relacionamento com o outro? Será que o outro tem tido dificuldades em atingir o estado de paz interior? Muitas vezes, vemos que ele está com problemas que resultam de dificuldades materiais, como falta de segurança, de emprego, de salário, em alguns casos até de casa e de comida. A solidariedade com o próximo é a primeira manifestação de nos sentirmos parte de uma sociedade. A *paz social* será um estado em que essas situações não ocorrem. Com certeza, vem novamente a pergunta: "Mas o que a matemática tem a ver com isso?". Tem tudo a ver. Para aqueles matemáticos que não percebem como tudo isso se relaciona, digo: "Pense e entenda um pouco da história da humanidade e você verá o quanto as coisas estão interligadas".

Lembro-me do relato de um médico que perguntou para um indígena que estava definhando, morrendo de tristeza o que havia com ele, por que se sentia tão triste a ponto de estar morrendo, e o indígena então apontou para uma árvore sendo cortada por uma serra. Sentimos aí o significado da *paz ambiental*. Também poucos entendem qual a relação disso com a matemática, que é sempre pensada como aplicada ao desenvolvimento e ao progresso. A ciência moderna, que repousa em grande parte na matemática, oferece instrumentais notáveis para um bom relacionamento com a natureza, mas também dá poderosos instrumentos de destruição. A resposta do indígena ao médico que o atendia destaca o quanto somos intimamente ligados ao ambiente.

Estas dimensões múltiplas da paz – paz interior, paz social, paz ambiental – têm como consequência a paz militar. Atingir um estado de *paz total* para a humanidade deve ser o objetivo primeiro de qualquer sistema educacional. Paz é a maior justificativa para o avanço científico e tecnológico, e deveria ser o substrato de todo discurso político.

Paz deve ser o sonho de ser humano. Repito o que disseram dois eminentes matemáticos, Albert Einstein e Bertrand Russell, no Manifesto Pugwash de 1955: "Esqueçam-se de tudo e lembrem-se da humanidade". Procuro, nas minhas propostas de educação matemática, seguir os ensinamentos desses dois grandes mestres, dos quais aprendi muito de matemática e, sobretudo, de humanidade.

Minha proposta é fazer uma educação para a paz e, em particular, uma educação matemática para a paz.

Muitos continuarão intrigados: "Mas como relacionar trinômio de 2º grau com paz?". Talvez esses mesmos indivíduos costumem ensinar trinômio de 2º grau dando como exemplo a trajetória de um projétil de canhão. Mas estou quase certo de que não dizem, nem sequer sugerem, que aquele belíssimo instrumental matemático, que é o trinômio de 2º grau, é o que dá a certos profissionais – como artilheiros nos exércitos modernos – a capacidade de disparar uma bomba de um canhão para atingir toda uma população, seres humanos de carne e osso, com emoções e desejos como qualquer um de nós, e matá-los, destruir suas casas e templos, destruir árvores e animais que estejam por perto, poluir qualquer lagoa ou rio nos arredores. A mensagem implícita acaba sendo: aprenda bem o trinômio do 2º grau e você será capaz de fazer isso.

Claro, meus opositores dirão, como já disseram: "Mas isso é um discurso demagógico". E justificam seu apoio às armas de destruição: "Essa destruição horrível só se fará quando necessário. E é importante que nossos jovens estejam preparados para o necessário. É necessário conhecer bem os instrumentais do inimigo para poder derrotá-lo". Milhões caíram nessa conversa durante toda a história da humanidade. Em particular, cientistas aceitaram esse argumento na Segunda Guerra Mundial e durante a Guerra Fria, com perdas materiais e morais para ambas as partes em conflito. É importante notar que os interessados nesse estado de coisas dizem ser isso necessário porque o alvo da nossa bomba destruidora é um indivíduo que não professa o nosso credo religioso, que não é do nosso partido político, que não segue nosso modelo econômico de propriedade e produção, que não tem nossa cor de pele ou nossa língua. Em síntese, o alvo de nossa bomba destruidora é o indivíduo que é diferente. O professor de matemática que quiser entender o que é o respeito ao diferente pode se beneficiar de leituras como *O homem que calculava*, de Malba Tahan, que tem muito conteúdo matemático.

Volto ao exemplo do trinômio de 2º grau, que serviu para mostrar o aspecto tão deprimente de uma teoria tão linda. Não se propõe eliminar o trinômio de 2º grau dos programas de ensino, mas sim que se use um tempo para mostrar, *criticamente*, as coisas deploráveis que se fazem com ele e destacar as coisas lindas e construtivas que poderiam ser feitas, como explicar movimentos no nosso sistema planetário.

Há, efetivamente, moralidade associada ao conhecimento e em particular ao conhecimento matemático. A educação, em especial a educação matemática, bem como o próprio fazer matemático podem ajudar a construir uma humanidade ancorada em respeito, solidariedade e cooperação.

A paz total depende essencialmente de cada indivíduo conhecer-se e integrar-se na sua sociedade, na humanidade, na natureza e no cosmos. Ao longo da existência de cada um de nós, pode-se aprender matemática, mas não se pode perder o conhecimento de si próprio e criar barreiras entre os indivíduos, entre estes e a sociedade, e gerar hábitos de desconfiança para com o outro, de descrença na sociedade, de desrespeito e de ignorância da humanidade, da natureza que é comum a todos e do universo do qual somos parte.

Vejo-me *sim* como um educador que tem matemática como sua área de competência e seu instrumento de ação, mas *não* como um matemático que utiliza a educação para a promoção de suas habilidades e de suas competências.

A formação de professores deve ter como objetivo maior a mensagem de que o conhecimento é importante, mas deve estar subordinado a uma profunda responsabilidade de humanidade, que é a verdadeira missão do educador. Todo educador matemático deve utilizar aquilo que aprendeu como matemático para realizar a missão de educador. Em termos muito claros e diretos: o aluno é mais importante que programas e conteúdos.

O livro está organizado em seis capítulos. Nos três primeiros, faço considerações de caráter geral, abordando aspectos da cognição ("O conhecimento: Sua geração, sua organização intelectual e social e sua difusão"), da natureza da matemática ("Uma breve introdução à matemática e à sua história") e aspectos teóricos de educação ("Educação, currículo e avaliação"). Nos outros três, abordo aspectos mais diretamente ligados à sala de aula: em primeiro lugar, as inovações na prática docente ("A pesquisa em educação matemática e um novo papel para o professor"); depois, proponho reflexões sobre o que constitui o objeto de nossos ensinamentos, a matemática ("A prática na sala de aula" e "Da globalização à *glocalização*: Multiculturalismo e etnomatemática").

Muito do que penso sobre educação tem influência do que li em obras que normalmente não se encontram nas bibliotecas de educação matemática e que recomendo a todos os educadores, em particular aos educadores matemáticos. Destaco, em especial, os livros de J.D. Salinger, principalmente *O apanhador no campo de centeio*, e o grande texto de filosofia que é a obra de Robert Pirsig, *Zen e a arte da manutenção de motocicletas*. São importantíssimos os clássicos *O jovem Törless*, de Robert Musil, e *O jogo das contas de vidro*, de Herman Hesse, além de *Um antropólogo em Marte*, de Oliver Sacks.

Uma boa crítica ao sistema educacional vigente são livros como *Alice no país das maravilhas*, de Lewis Carroll, *O mágico de Oz*, de Joseph Baum, *Pinóquio*, de Colodi e *O doador*, de Lois Lowry.

Recomendo a leitura desses textos e estou seguro de que o leitor irá perceber a relação direta que eles têm com educação e, especialmente, com educação matemática.

Além desses livros gerais, que não são diretamente referentes à educação matemática, há numerosas referências específicas da área. Não me preocupei em fornecer uma grande lista bibliográfica, mas seria interessante que os textos indicados fossem conhecidos e utilizados como leitura complementar a este livro. Muitas das referências poderiam ser propostas aos alunos para um ensaio-resenha, que é uma modalidade muito interessante de trabalho monográfico e serve muito bem como trabalho de conclusão de curso (TCC). Não evitei referências em outras línguas, que podem ser utilizadas como base para a monografia, além de a tradução ser um excelente exercício de compreensão de conteúdos.

Concluo esta Introdução sintetizando a mensagem implícita no livro. Vejo educação matemática como a estratégia mais importante para levar o indivíduo a estar em paz consigo mesmo e com o seu entorno social, cultural e natural e a se localizar numa realidade cósmica.

1

O CONHECIMENTO: SUA GERAÇÃO, SUA ORGANIZAÇÃO INTELECTUAL E SOCIAL E SUA DIFUSÃO

Este é um capítulo de fundamentação, no qual ofereço um quadro geral para desenvolver minhas propostas específicas para a educação matemática. Poderá ser lido rapidamente, mas sem dúvida será muito importante voltar a ele à medida que se vai avançando no livro. São discussões muito gerais sobre conhecimento. Naturalmente, as ideias muitas vezes parecem um tanto vagas, imprecisas e exploratórias. Isso reflete o que se poderia chamar o *estado da arte* na teoria do conhecimento. Sabemos muito pouco sobre como pensamos. As contribuições recentes da cibernética e da inteligência artificial e também dos neurologistas tornam aquilo que normalmente se estuda nas disciplinas de psicologia, de aprendizagem e correlatas pelo menos obsoleto. Daí a apresentação bem geral deste capítulo, na qual podem se enquadrar praticamente todos os enfoques modernos ao conhecimento, e o tom algumas vezes impreciso e vago.

❑ *Origem e aquisição de conhecimento*

Ao longo da história se reconhecem esforços de indivíduos e de todas as sociedades para encontrar explicações, formas de lidar e conviver com a realidade natural e sociocultural. Isso deu origem aos modos de comunicação e às línguas, às religiões e às artes, assim como às ciências e às matemáticas, enfim a tudo o que chamamos "conhecimento", muitas vezes também chamado "saber". E, porque conhecem, os indivíduos e a espécie se destacam entre seus pares e atingem seu potencial de criatividade.

Todo conhecimento é resultado de um longo processo cumulativo de geração, de organização intelectual, de organização social e de difusão, elementos naturalmente não contraditórios entre si e que influenciam uns aos outros. Esses estágios são normalmente de estudo nas chamadas teoria da cognição, epistemologia, história e sociologia, e educação e política. O processo, extremamente dinâmico e jamais finalizado, está obviamente sujeito a condições muito específicas de estímulo e de subordinação ao contexto natural, cultural e social. Assim é o ciclo de aquisição individual e social de conhecimento.

Minhas reflexões sobre educação multicultural levaram-me a ver o ato de criação como o elemento mais importante em todo esse processo, como uma manifestação do presente na transição entre passado e futuro. Isto é, a aquisição e a elaboração do conhecimento se dão no presente, como resultado de todo um passado, individual e cultural, com vistas às estratégias de ação no presente projetando-se no futuro, desde o futuro imediato até o de mais longo prazo, assim modificando a realidade e incorporando a ela novos fatos, isto é, "artefatos" e "mentefatos". Esse comportamento é intrínseco ao ser humano e resulta de impulsos naturais para a sobrevivência e a transcendência. Embora se possa reconhecer aí um processo de construção de conhecimento, minha proposta é mais ampla que o chamado construtivismo, que se tornou efetivamente uma proposta pedagógica.[1] Meu enfoque holístico incorpora o sensorial, o intuitivo, o emocional e o racional através da vontade individual de sobreviver e de transcender.

Sobrevivência e transcendência constituem a essência do *ser* (verbo) humano. O ser (substantivo) humano, como todas as espécies vivas, procura sua *sobrevivência*. Não se sabe o que é essa força, essa vontade de sobreviver como indivíduo e como espécie, que está embutida no mecanismo genético. Simplesmente constata-se essa força, que é a essência da vida. A vontade de *transcendência* parece distinguir nossa espécie das demais.

As reflexões sobre o presente e a realização de nossa vontade de sobreviver e de transcender devem ser, necessariamente, de natureza transdisciplinar e holística.[2] Nessa visão o presente, que se apresenta como a interface entre o passado e o futuro, está associado à ação e à prática. O foco de nosso estudo é o homem, como indivíduo integrado, imerso, numa realidade natural e social, o que significa em permanente interação com seu meio ambiente, natural e sociocultural. O presente é o momento em que essa (inter)ação do indivíduo com seu meio ambiente, natural e sociocultural, o que chamo comportamento, manifesta-se. Justamente o *comportamento*, que também chamamos *fazer*, ou ação ou prática, e que está identificado com o presente, determina a teorização, explicações organizadas que resultam de reflexão sobre o fazer, que é o que comumente chamamos *saber* e que muitas vezes se chama simplesmente *conhecimento*. Na verdade conhecimento é o substrato da ação comportamental ou simplesmente do comportamento, que é a essência do estar vivo:

---

1. Veja, a esse respeito, o artigo de Beatriz S. D'Ambrosio e Leslie P. Steffe, "O ensino construtivista", *Em Aberto*, n. 62, ano XIV (Tema: Tendências na educação matemática), abr./jun. 1994, pp. 23-32.
2. Para uma introdução à transdisciplinaridade, veja Pierre Weil, Ubiratan D'Ambrosio e Roberto Crema, *Rumo à nova transdisciplinaridade*, São Paulo: Summus, 1993.

ciclo vital:
... —> *REALIDADE* informa *INDIVÍDUO* que processa e executa uma *AÇÃO* que modifica a REALIDADE que informa INDIVÍDUO —> ...

E isso permite a qualquer ser vivo interagir com seu meio ambiente.

❑ *Realidade e ação*

Essa ação se dá mediante o processamento de *informações* captadas da *realidade*, considerada na sua totalidade como um complexo de *fatos* naturais e artificiais, por um *processador* que constitui um verdadeiro complexo cibernético, com uma multiplicidade de sensores não dicotômicos, identificados com instinto, memória, reflexos, emoções, fantasia, intuição e outros elementos que ainda mal podemos imaginar. Como observa Oliver Sacks, referindo-se em especial à percepção visual, mas que se aplica a todos os sentidos:

> Atingimos a constância perceptiva – a correlação de todas as diferentes aparências, as modificações dos objetos – muito cedo, nos primeiros meses de vida. Trata-se de uma enorme tarefa de aprendizado, mas que é alcançada tão suavemente, tão inconscientemente que sua imensa complexidade mal é percebida (embora seja uma conquista a que nem mesmo os maiores supercomputadores conseguem começar a fazer face).[3]

O processamento dessa informação (*input*) tem como resultado (*output*) *estratégias* para *ação*. Há evidência de que essas ações são produtos da inteligência, resultado de estratégias. Em outros termos,

---

3. Oliver Sacks, *Um antropólogo em Marte*, São Paulo: Companhia das Letras, 1995, p. 141.

o homem executa seu ciclo vital não apenas pela motivação animal de sobrevivência, mas subordina esse ciclo à transcendência, por meio da *consciência* do fazer/saber, isto é, faz porque está sabendo e sabe por estar fazendo. E isso tem seu efeito na realidade, criando novas interpretações e utilizações da realidade natural e artificial, modificando-a pela introdução de novos fatos, *artefatos* e *mentefatos*. Há uma incoerência nas denominações concreto e abstrato, pois repousam no modo de captar esses fatos, enquanto ao falarmos em artefato e mentefato estamos pondo ênfase na geração dos fatos.[4]

A consciência é o impulsionador da ação do homem em direção à sua sobrevivência e à sua transcendência, ao seu saber fazendo e fazer sabendo. O conhecimento é o gerador do saber, que vai, por sua vez, ser decisivo para a ação, e por conseguinte é no comportamento, na prática, no fazer que se avalia, redefine e reconstrói o conhecimento. O processo de aquisição do conhecimento é, portanto, essa relação dialética saber/fazer, impulsionada pela consciência, e se realiza em várias dimensões.

Das várias dimensões na aquisição do conhecimento destacamos, como as mais reconhecidas e interpretadas nas teorias do conhecimento, a *sensorial*, a *intuitiva*, a *emocional* e a *racional*. Numa concessão a classificações disciplinares, diríamos que o conhecimento religioso é favorecido pelas dimensões intuitiva e emocional, enquanto o conhecimento científico é favorecido pelo racional, e o emocional prevalece nas artes. Naturalmente essas dimensões não são dicotomizadas nem hierarquizadas, mas são complementares. Desse modo, não há interrupção, não há dicotomia, entre o saber e o fazer, não há priorização entre um e outro, nem há prevalência nas várias dimensões do processo. Tudo se complementa num todo que é o comportamento e que tem como resultado o conhecimento. Consequentemente, as dicotomias corpo/mente, matéria/espírito, manual/intelectual e outras tantas que se impregnaram no mundo moderno são meras artificialidades.

---

4. Para uma discussão mais ampla sobre todo este capítulo, veja meu livro *Da realidade à ação. Reflexões sobre educação (e) matemática*, São Paulo: Summus, 1988.

O presente, como interface entre passado e futuro, manifesta-se pela ação. O presente está assim identificado com o comportamento, tem a mesma dinâmica do comportamento, isto é, alimenta-se do passado, é resultado da história do indivíduo e da coletividade, de conhecimentos anteriores, individuais e coletivos, condicionados pela projeção do indivíduo no futuro. Tudo baseado em informação proporcionada pela realidade, portanto pelo presente. Na realidade se armazenam todos os fatos passados, feitos e completados, que informam o(s) indivíduo(s). Essas informações são processadas pelo(s) indivíduo(s) e resultam em estratégias de ação que dão origem a novos fatos (artefatos e/ou mentefatos) que são incorporados à realidade, obviamente a modificando, e armazenam-se na coleção de fatos e eventos que constituem a realidade em incessante modificação. O passado assim se projeta, pela intermediação de indivíduos, no futuro. Mais uma vez a dicotomia passado e futuro se vê como artificialidade, pois o instante que vem do passado e se projeta no futuro adquire assim o que seria uma transdimensionalidade que poderíamos pensar como uma dobra (um *pli* no sentido das catástrofes de René Thom). Esse repensar a dimensionalidade do instante dá à vida, incluindo os "instantes" do nascimento e da morte, um caráter de continuidade, de fusão do passado e do futuro no instante. Daí reconhecermos que não pode haver um presente congelado, como não há uma ação estática, como não há comportamento sem uma retroalimentação instantânea (*avaliação*) que resulta de seu efeito. Assim podemos ver o comportamento como o elo entre a realidade, que informa, e a ação, que modifica a realidade.

A ação gera conhecimento, gera a capacidade de explicar, de lidar, de manejar, de entender a realidade, gera o *matema*. Essa capacidade transmite-se e acumula-se horizontalmente, no convívio com outros, contemporâneos, por meio de comunicações, e verticalmente, de cada indivíduo para si mesmo (*memória*) e de cada geração para as próximas gerações (*memória histórica*). Note que através do que chamamos memória, que é da mesma natureza que os mecanismos de informação associados aos sentidos, à informação genética e aos mecanismos emocionais, as experiências vividas por um indivíduo no passado incorporam-se à realidade e informam esse indivíduo da mesma maneira que os demais fatos da realidade.

O indivíduo não é só. Há bilhões de outros indivíduos da mesma espécie com o mesmo *ciclo vital*: ... —> *REALIDADE* informa *INDIVÍDUO* que processa e executa uma *AÇÃO* que modifica a REALIDADE que informa INDIVÍDUO —> ... e bilhões de indivíduos de outras espécies com comportamento próprio, realizando um ciclo vital semelhante, todos incessantemente contribuindo com uma parcela para modificar a realidade. O indivíduo está inserido numa realidade cósmica como um elo entre toda uma história desde o início dos tempos e das coisas, um bigue-bangue ou equivalente, até o momento, o agora e aqui. Todas as experiências do passado, reconhecidas e identificadas ou não, constituem a realidade na sua totalidade e determinam um aspecto do comportamento de cada indivíduo. Sua ação resulta do processamento de informações recuperadas. Essas informações incluem experiências individuais e experiências de outros indivíduos, que são socializadas no grupo. Lamentavelmente, muitas das experiências não são recuperadas. A recuperação dessas experiências (memória individual, memória cultural, memória genética) constitui um dos desafios da psicanálise, da história e de inúmeras outras ciências. Constitui inclusive o fundamento de certos modos de explicação (artes e religiões). Numa dualidade temporal, esses mesmos aspectos de comportamento manifestam-se nas estratégias de ação que resultarão em novos fatos – artefatos e mentefatos – que se darão no futuro e que, uma vez executados, se incorporarão à realidade. As estratégias de ação são motivadas pela projeção do indivíduo no futuro (suas vontades, suas ambições, suas motivações e tantos outros fatores), tanto no futuro imediato quanto no futuro longínquo, até o que poderia ser um momento final. Esse é o sentido da *transcendência* a que me referi acima.

❑ *Comunicação*

O processo de gerar conhecimento como ação é enriquecido pelo intercâmbio com outros, imersos no mesmo processo, por meio do que chamamos *comunicação*. A descoberta do outro e de outros, presencial ou historicamente, é essencial para o fenômeno vida. Embora os mecanismos de captar informação e de processar essa informação, definindo estratégias de ação, sejam absolutamente individuais e mantenham-se como tal, eles são enriquecidos pelo intercâmbio e pela comunicação, que efetivamente são um *pacto* (*contrato*) entre indivíduos. O estabelecimento desse pacto é um fenômeno essencial para a vida. Em particular, na espécie humana isso é o que permite definir estratégias para *ação comum*. Isso não pressupõe a eliminação da capacidade de ação própria de cada indivíduo, inerente à sua *vontade* (*livre-arbítrio*), mas pode inibir certas ações, isto é, a ação comum que resulta da comunicação pode ser interpretada como uma in-ação resultante do pacto. Assim, por meio da comunicação podem se originar ações desejáveis a ambos e se inibir ações, isto é, geram-se in-ações, não desejáveis para uma ou para ambas as partes. Desse modo torna-se possível aquilo que identificamos com o *conviver*. Insisto no fato de esses mecanismos inibidores não serem transformadores dos mecanismos próprios a cada indivíduo de captar e de processar informações. Cada indivíduo tem esses mecanismos, e é isso que mantém a individualidade, a identidade de cada ser. Nenhum é igual a outro na sua capacidade de captar e processar informações de uma mesma realidade.

Facilmente se generalizam essas noções para o grupo, para a comunidade e para um povo, por intermédio da *comunicação social* e de um *pacto social* que, insisto, leva em conta a capacidade de cada indivíduo e não elimina a vontade própria de cada indivíduo, isto é, seu livre-arbítrio. O conhecimento gerado pela interação comum, resultante da comunicação social, será um complexo de *códigos* e de *símbolos* que são organizados intelectual e socialmente, constituindo aquilo que se chama cultura. *Cultura* é o substrato dos conhecimentos, dos saberes/fazeres e do comportamento resultante, compartilhado por um grupo, comunidade ou povo. Cultura é o que vai permitir a vida em *sociedade*.

Quando sociedades (e, portanto, sistemas culturais) encontram-se e expõem-se mutuamente, elas estão sujeitas a uma dinâmica de interação que produz um comportamento *intercultural* que se manifesta em grupos de indivíduos, em comunidades, em tribos e nas sociedades. A interculturalidade vem se intensificando ao longo da história da humanidade.[5]

Particularmente importante pelas consequências que dela resultaram foi a decorrente do período chamado "grandes navegações", a partir da segunda metade do século XV, e que resultou numa globalização da visão de mundo e da ação política. Novos códigos e símbolos foram conhecidos, novas culturas foram identificadas e alguns códigos e símbolos universalizaram-se, afetando profundamente as maneiras de explicar, de conhecer e de manejar a realidade natural, social e cultural e de conviver com ela. Essas maneiras são próprias a cada uma das sociedades que se encontraram. O resultado é a geração de uma nova cultura, com novos sistemas de códigos e símbolos, e que passou a se denominar *ciência moderna*, com profundas consequências a partir de então para toda a humanidade. Nasce, então, o mundo moderno.

❑ *Geração, organização e difusão do conhecimento*

A exposição acima sintetiza a fundamentação teórica que serve de base a um programa de pesquisa *sobre geração, organização intelectual, organização social* e *difusão* do conhecimento. Na linguagem disciplinar poder-se-ia dizer um programa interdisciplinar abarcando o que constitui o domínio das chamadas ciências da cognição, epistemologia, história, sociologia e transmissão do conhecimento, e educação.

Metodologicamente, esse programa reconhece que na sua aventura, como espécie planetária, o homem (espécie *homo sapiens sapiens*) – bem como as demais espécies que o precederam, os vários hominídeos reconhecidos desde 4,5 milhões de anos antes do

---

5. O importante livro de Luca Cavali-Sforza *et al. History and geography of human behavior* (Princeton: Princeton University Press, 1994) é uma tentativa de mapear a evolução cultural da espécie. É uma obra seminal.

presente – tem seu comportamento alimentado pela aquisição de conhecimento, de fazer(es) e de saber(es) que lhe permite sobreviver e transcender por meio de maneiras, de modos, de técnicas ou mesmo de artes (*techné* ou *tica*) de explicar, de conhecer, de entender, de lidar com, de conviver (*matema*) com a realidade natural e sociocultural (*etno*) na qual ele, homem, está inserido. Ao utilizar, num verdadeiro abuso etimológico, as raízes *tica, matema* e *etno,* dei origem à minha conceituação de *etnomatemática.*[6]

Naturalmente, em todas as culturas e em todos os tempos, o conhecimento, que é gerado pela necessidade de uma resposta a situações e problemas distintos, está subordinado a um contexto natural, social e cultural.

Indivíduos e povos têm, ao longo de suas existências e ao longo da história, criado e desenvolvido instrumentos de reflexão, de observação, instrumentos teóricos e, associados a esses, técnicas, habilidades (*teorias, techné, ticas*) para explicar, entender, conhecer, aprender (*matema*), para saber e fazer como resposta a necessidades de sobrevivência e de transcendência, em ambientes naturais, sociais e culturais (*etnos*) os mais diversos. Daí chamarmos o exposto acima de *programa etnomatemática.* O nome sugere o *corpus* de conhecimento reconhecido academicamente como matemática. De fato, em todas as culturas encontramos manifestações relacionadas e mesmo identificadas com o que hoje se chama matemática (processos de organização, classificação, contagem, medição, inferência), geralmente mescladas ou dificilmente distinguíveis de outras formas hoje identificadas como arte, religião, música, técnicas, ciências. Em todos os tempos e em todas as culturas, matemática, artes, religião, música, técnicas, ciências foram desenvolvidas com a finalidade de explicar, de conhecer, de aprender, de saber/fazer e de predizer (artes divinatórias) o futuro. Todas aparecem, num primeiro estágio da história da humanidade e da vida de cada um de nós, indistinguíveis como formas de conhecimento.

---

6. Para uma discussão sobre essas ideias, veja meu livro *Etnomatemática. A arte ou técnica de explicar e conhecer,* São Paulo: Ática, 1990.

❑ *Relações intraculturais e interculturais e multiculturalismo*

Estamos vivendo um período em que os meios de captar informação e o processamento da informação de cada indivíduo encontram nas comunicações e na informática instrumentos auxiliares de alcance inimaginável em outros tempos. A interação entre indivíduos também encontra, na teleinformática, um grande potencial, ainda difícil de aquilatar, de gerar ações comuns. Nota-se em alguns casos o predomínio de uma forma sobre outra, algumas vezes a substituição de uma forma por outra e mesmo a supressão e a eliminação total de alguma forma, mas na maioria dos casos o resultado é a geração de novas formas culturais, identificadas com a modernidade.

Ainda dominadas pelas tensões emocionais, as relações entre indivíduos de uma mesma cultura (*intraculturais*) e, sobretudo, as relações entre indivíduos de culturas distintas (*interculturais*) representam o potencial criativo da espécie. Assim como a biodiversidade representa o caminho para o surgimento de novas espécies, a diversidade cultural representa o potencial criativo da humanidade.

Tem havido o reconhecimento da importância das relações interculturais. Mas, lamentavelmente, ainda há relutância no reconhecimento das relações intraculturais na educação. Ainda se insiste em colocar crianças em anos escolares de acordo com a idade, em oferecer num mesmo ano o mesmo currículo, chegando ao absurdo de propor currículos nacionais. Absurdo ainda maior é avaliar homogeneamente grupos de indivíduos. Trata-se efetivamente de uma tentativa de pasteurizar as novas gerações.

A pluralidade dos meios de comunicação de massa, facilitada pelos transportes, levou as relações interculturais a dimensões verdadeiramente planetárias.

Inicia-se assim uma nova era que abre enormes possibilidades de comportamento e de conhecimento planetários, com resultados sem precedentes para o entendimento e a harmonia de toda a humanidade. Não a homogeneização biológica ou cultural da espécie, mas a convivência harmoniosa dos diferentes, por meio de uma ética de respeito mútuo, solidariedade e cooperação.

Naturalmente sempre existiram, e agora serão mais notadas com maior evidência, maneiras diferentes de explicações, de entendimentos, de lidar e conviver com a realidade, graças aos novos meios de comunicação e transporte criando necessidade de um comportamento que transcenda mesmo as novas formas culturais. Eventualmente o tão desejado livre-arbítrio, próprio do *ser* (verbo) humano, poderá se manifestar num modelo de *transculturalidade* que permitirá que cada ser humano atinja a sua plenitude. Um modelo adequado para facilitar esse novo estágio na evolução da nossa espécie é chamado *educação multicultural*, que vem se impondo nos sistemas educacionais de todo o mundo.

2

UMA BREVE INTRODUÇÃO À MATEMÁTICA E À SUA HISTÓRIA

Uma percepção da história da matemática é essencial em qualquer discussão sobre a matemática e o seu ensino. Ter uma ideia, embora imprecisa e incompleta, sobre por que e quando se resolveu levar o ensino da matemática à importância que tem hoje são elementos fundamentais para se fazer qualquer proposta de inovação em educação matemática e educação em geral. Isso é particularmente notado no que se refere a conteúdos. A maior parte dos programas consiste de coisas acabadas, mortas e absolutamente fora do contexto moderno. Torna-se cada vez mais difícil motivar alunos para uma ciência cristalizada. Não é sem razão que a história vem aparecendo como um elemento motivador de grande importância.

❑ *Por que a história da matemática no ensino?*

A história da matemática é um elemento fundamental para perceber como teorias e práticas matemáticas foram criadas, desenvolvidas e utilizadas num contexto específico de sua época.

Essa visão crítica da matemática através de sua história não implica necessariamente o domínio das teorias e práticas que estamos analisando historicamente. Historiadores da matemática poderão conhecer essas teorias e técnicas e inclusive levá-las adiante e aprofundá-las. Um filatelista pode conhecer os detalhes da emissão de selos de certa época e um musicólogo pode dominar as técnicas da "viola da gamba". Mas, assim como a correspondência não se moverá com os selos de antanho, nem um baile se animará ao som de uma "viola da gamba", a sociedade moderna não será operacional com um instrumental intelectual obsoleto. Necessitamos da matemática de hoje.

Conhecer, historicamente, pontos altos da matemática de ontem poderá, na melhor das hipóteses, e de fato faz isso, orientar no aprendizado e no desenvolvimento da matemática de hoje. Mas o conhecer teorias e práticas que ontem foram criadas e que serviram para resolver os problemas de ontem pouco ajuda nos problemas de hoje. Por que ensiná-las?

Faz-me lembrar de um poema de Dschuang Dsi, completado e divulgado por René Thom:

Havia um homem
que aprendeu a matar dragões e deu tudo que possuía
para se aperfeiçoar na arte.

Depois de três anos
ele se achava perfeitamente preparado mas,
que frustração, não encontrou
oportunidades de praticar sua habilidade.
(Dschuang Dsi)

Como resultado ele resolveu
ensinar como matar dragões.
(René Thom)

❑ *Sobre a natureza da matemática e seu ensino*

É muito difícil motivar com fatos e situações do mundo atual uma ciência que foi criada e desenvolvida em outros tempos em virtude dos problemas de então, de uma realidade, de percepções, necessidades e urgências que nos são estranhas. Do ponto de vista de motivação contextualizada, a matemática que se ensina hoje nas escolas é morta. Poderia ser tratada como um fato histórico.

Muitos dirão: mas a matemática está viva, está-se produzindo mais matemática nestes últimos 20 anos do que em toda a história da humanidade. Sem dúvida. Mas essa produção é produto de uma dinâmica interna da ciência e da tecnologia e da própria matemática. Naturalmente muito intensa, mas não como fonte primária de motivação. Interessa à criança, ao jovem e ao aprendiz em geral aquilo que tem apelo às suas percepções materiais e intelectuais mais imediatas. Por isso é que proponho um enfoque ligado a situações mais imediatas.

A última sentença deve ter causado estranheza a muitos. Atenção! Quando digo "mais imediatas", não estou me referindo apenas ao utilitário. Mas, igualmente, e acho isso muito importante, ao desafio intelectual. Mas desafio intelectual para o intelecto de hoje – que para alguns pode até significar uma visão do passado.

Para um aprendiz com vistas a uma tarefa, um enfoque imediatista é essencial. Mas obviamente a educação matemática não se esgota aí. É quando se apela para o histórico, cultural, que provavelmente não interessará ao aprendiz com objetivos mais imediatos. Assim como a matemática utilitária não interessará ao aprendiz com um desafio intelectual. Está claro que é fundamental um equilíbrio entre esses dois aspectos. Esse equilíbrio não significa metade de um e metade do outro para todos os alunos. Será, sim, a resposta ao tipo de aluno – o indivíduo com quem estamos lidando. É possível individualizar a instrução, e essa é uma das melhores estratégias para recuperar a importância e o interesse na educação matemática. Para alunos mais interessados em coisas práticas, ofereça temas e exercícios de aplicação; para aqueles mais interessados em teorias, dê resultados e exercícios abstratos. Em ambos os casos, a história da matemática oferece muitos exemplos.

Tenta-se justificar a matemática do passado como servindo de base para a matemática de hoje. De fato, conhecimento é cumulativo e alguma coisa de um contexto serve para outros contextos. Portanto, algo da matemática do passado serve hoje. Mas muito pouco, e mesmo assim quando em linguagem e codificação modernas. Argumentos com base em teorias de aprendizagem ultrapassadas, que apoiam a natureza linearmente cumulativa do conhecimento, amparados numa história distorcida e numa epistemologia construída para apoiar essa história, não bastam para justificar programas estruturados com base única e exclusiva na tradição, como são normalmente organizados.

Está claro que ao pensar a álgebra, al-Kwarizmi estava motivado pela necessidade da sociedade islâmica de pôr em prática os preceitos do *Corão* que se referem à distribuição de heranças. Dificilmente se motivará um jovem de hoje da mesma maneira que al-Kwarizmi foi motivado para criar sua álgebra.

Um bom exercício para o docente é preparar uma justificativa para cada um dos tópicos do programa – mas não vale dar justificativas internalistas, isto é, do tipo "progressões são importantes para entender logaritmos". Pedem-se justificativas contextualizadas no mundo de hoje e do futuro.

Para falar de história, não se pode deixar de ter uma visão de presente e de futuro. Os filmes e livros de ficção científica, e mesmo algumas telenovelas, dão excelente oportunidade para o professor refletir sobre o presente, o estado do mundo e o futuro imaginário. Igualmente importante é fazer comentários críticos sobre o noticiário nos jornais e na televisão, incluindo os programas políticos. Muitos recorrem a dados matemáticos e estatísticos que devem ser esclarecidos pelo professor. A história é um grande auxiliar nessas reflexões.

O grande desafio é desenvolver um programa dinâmico, apresentando a ciência de hoje relacionada a problemas de hoje e ao interesse dos alunos. Não é difícil dar uma fundamentação teórica para a necessidade de tal enfoque. Mas como levar isso à prática? Que tipo de professor será capaz de conduzir um currículo dinâmico? Isso será discutido mais adiante. Vamos agora fazer uma breve revisão da história.

❑ *Um escorço da história da matemática ocidental até o início da Idade Média*

Embora a história deva ser pensada como um todo, para facilitar a exposição é conveniente uma periodização. No caso específico da história da matemática ocidental, a periodização que proponho é: 1. A Pré-história; 2. Antiguidade mediterrânea; 3. Grécia e Roma; 4. A Idade Média e o Islão; 5. Os descobrimentos e o Renascimento; 6. Colônias, impérios e a industrialização; 7. O século XX.

A história da espécie *homo sapiens sapiens* é traçada a hominídeos que se sabe terem existido no coração da África, perto do Lago Victoria, há cerca de 4.500.000 anos.[1] Esses hominídeos, *australopitecus* e *homo erectus*, iniciaram então uma longa excursão por todo o planeta e hoje identificamos a espécie *homo sapiens sapiens* como tendo ocupado todo o planeta desde cerca de 100.000 anos, já dominando o fogo e a linguagem. Em todo esse período a espécie vem acumulando conhecimento, naturalmente em diferentes direções, com objetivos distintos e com estilos muito diferenciados. Foram se definindo assim modalidades culturais distintas. Grupos de indivíduos compartilhando uma mesma modalidade foram se estruturando em sociedades e dando origem a grandes civilizações, que surgiram em diversas regiões do planeta desde cerca de 10.000 anos.

Dentre as várias civilizações que identificamos no passado, têm particular interesse para nós aquelas que floresceram nos altiplanos do México e nos Andes (em especial astecas, maias e incas), nas planícies da América do Norte e na Amazônia, na África

---

1. Uma boa síntese dessa história se encontra em Pierre Weil, Ubiratan D'Ambrosio e Roberto Crema, *Rumo à nova transdisciplinaridade. Sistemas abertos de conhecimento*, São Paulo: Summus, 1993.

subequatorial, nos vales do Indus, do Ganges e do Yang-Tsé, e na bacia do Mediterrâneo. Embora se devam reconhecer importantes desenvolvimentos matemáticos nessas civilizações, não vamos estudá-las neste livro.[2]

Interessam-nos por razões óbvias as civilizações da bacia do Mediterrâneo, que compreendem as civilizações do Egito, da Babilônia, da Judeia, da Grécia e de Roma, todas intimamente inter-relacionadas, que deram origem à civilização moderna, que hoje é efetivamente uma civilização planetária.

A civilização egípcia floresceu há cerca de 5.000 anos, com base de sustentação na agricultura nas margens do Nilo, que se fertilizavam periodicamente. A sociedade egípcia, organizada em torno desse recurso, estava subordinada a uma ordem hierárquica encabeçada por um faraó legitimado por divindades identificadas com os astros, obviamente associadas à regularidade do Nilo. A distribuição de recursos e a repartição das terras férteis deram origem a formas muito especiais de matemática.

Vemos assim numa vertente uma aritmética de divisão de recursos, desenvolvendo principalmente frações, e em outra uma geometria no estilo do que hoje chamamos agrimensura, tendo como motivação a alocação de terras aráveis. E, naturalmente, uma matemática associada às técnicas de construção, na verdade uma mecânica de construções. A matemática, assim como todo o conhecimento egípcio, chegou a nós por meio dos hieróglifos gravados em papiros. Desses documentos com interesse matemático os mais conhecidos são de *ca* (abreviação de *circa*, usada quando não temos datas precisas) 2.000 a.C., o Papiro Rhind, no Museu Britânico, e o Papiro de Moscou. Também são importantes os relatos de viajantes, dentre os quais se destaca o grego Heródoto (*ca.* 480-425 a.C.), considerado o "pai da história".

Seguidores de um deus único e abstrato, que rejeitaram a idolatria que predominava no Egito, emigraram sob a liderança

2. Para uma visão geral da história da matemática, ver Ubiratan D'Ambrósio: *Uma síntese sociocultural da história da matemática*, Proem Editora, São Paulo, 2011.

de Moisés, há cerca de 4.000 anos, e localizaram-se no território onde é hoje o estado de Israel. Ali, em conflito com diversos reinos babilônicos, fundaram o Reino da Judeia. A história do povo judeu e da fundação desse reino está no livro de maior influência na história da humanidade, a *Bíblia*. Muitas das práticas matemáticas dos judeus são semelhantes às dos egípcios.

A Babilônia, que resultou de antigas civilizações, das quais são mais conhecidas as dos caldeus, dos assírios e dos fenícios, floresceu na região denominada Mesopotâmia, entre os rios Tigres e Eufrates, e era baseada no pastoreio. Necessidades óbvias das atividades de pastoreio levaram a um grande desenvolvimento de aritmética de contagem e de cálculos astronômicos. O conhecimento matemático dos babilônios está registrado em tabletes de argila nos quais são impressas marcas na forma de cunha, daí serem chamados caracteres cuneiformes.

Na margem superior do Mediterrâneo, povos emigrados do Norte desenvolveram a importante civilização dos gregos, organizados em inúmeros reinos. Eles praticaram uma matemática utilitária, semelhante àquela dos egípcios, mas ao mesmo tempo desenvolveram um pensamento abstrato, com objetivos religiosos e rituais. Começa assim um modelo de explicações que vai dar origem às ciências, à filosofia e à matemática abstrata. É muito importante notar que duas formas de matemática, uma que poderíamos chamar matemática utilitária e outra, matemática abstrata (ou teórica ou de explicações), conviviam e são perfeitamente distinguíveis no mundo grego. Essa convivência de duas modalidades de matemática prevaleceu no Império Romano e na Idade Média, e na verdade até hoje. Desde o tempo dos gregos tem havido indivíduos capazes de reconhecer a relação entre as duas modalidades de matemática, mas pouquíssimos são os capazes de dominar ambas.

Os primeiros avanços da matemática grega são atribuídos a Tales de Mileto (*ca.* 625-547 a.C.) e a Pitágoras de Samos (*ca.* 560-480 a.C.). Muito do conhecimento que hoje temos da matemática grega está nas obras dos três maiores filósofos da Antiguidade grega: Sócrates, Platão e Aristóteles, que viveram no século IV a.C.

O movimento intelectual dava-se em academias e a principal delas era a de Atenas. Matemática e filosofia representavam uma mesma linha de pensamento. Platão distinguia claramente uma matemática utilitária, importante para comerciantes e artesãos, mas não para os intelectuais, para quem defendia uma matemática abstrata, fundamental para aqueles que seriam os dirigentes, para a elite. Um representante típico dessa elite foi Alexandre da Macedônia, que teve como preceptor Aristóteles. Ao se tornar rei e unificar a Grécia, Alexandre fundou a cidade de Alexandria, no Egito, que se tornou outro grande centro intelectual do mundo grego. Em seguida partiu para derrotar os persas e para conquistar toda a chamada Ásia Menor, chegando até a Índia. Ali morreu aos 33 anos.

No final do século IV a.C. surge uma obra que viria a se tornar o mais importante livro desse período, *Os elementos*, de autoria de Euclides (*ca.* 330-270 a.C.). Nessa obra ele organizou, em 13 livros, toda a matemática então conhecida. Embora esse talvez seja o livro que mais influenciou o mundo ocidental moderno, nenhuma versão original chegou até nós. Conhecemos o livro de Euclides por meio de versões posteriores, das quais é mais conhecida a de Proclus (410-485), e de traduções para o árabe, do século IX.

No século III a.C. surge um grande matemático, Arquimedes de Siracusa (*ca.* 287-212 a.C.), talvez o primeiro capaz de desenvolver, com igual competência, as duas matemáticas, a utilitária e a abstrata. Arquimedes, por muitos considerado o primeiro matemático aplicado, desenvolveu inúmeros engenhos para uso civil e militar e resolveu problemas práticos, tais como definir a quantidade dos metais constituindo uma liga, ao mesmo tempo em que dava às suas invenções um tratamento matemático teórico. Arquimedes foi morto por um soldado romano durante a batalha de Siracusa, em 212 a.C., na época em que o Império Grego estava entrando em declínio.

Começa então o período de expansão do Império Romano. Com características muito distintas dos gregos, os romanos tinham como foco maior de sua preocupação a vida social e política. Praticando cultos pagãos, a liberdade religiosa dos romanos era total. Suas atividades intelectuais voltavam-se a uma filosofia social e política, cujo maior nome é Cícero (106-43 a.C.), a uma literatura voltada à história, representada maiormente por Virgílio (70-19 a.C.), cuja obra *Eneida* é o grande épico romano, e por Júlio Cesar (100-44 a.C.). Lucrécio (94-51 a.C.) escreveu *De rerum natura*, uma história natural em forma de versos, muito no estilo dos romanos, na qual antecipa o atomismo. É muito importante no projeto imperial de Roma a fundação de cidades e a reorganização urbana. Uma ciência de urbanização e de técnicas está sintetizada na importante obra de Marcus Vitruvius Polio (século I a.C.), *Dez livros de arquitetura*. Nessa obra está tudo aquilo que se considerava importante de matemática no Império Romano.

Os romanos desenvolveram um modelo político que basicamente prevalece até hoje, baseado num sistema de leis e códigos, cuja maior força política residia no Senado, formado por representantes de todas as províncias romanas e cujo poder executivo era concentrado em um imperador, genericamente denominado César, por ele eleito. As obrigações do cidadão romano eram fundamentalmente obediência às leis e pagamento dos impostos. Uma versão historicamente fiel da vida diária no Império Romano foi popularizada nas histórias em quadrinhos do personagem Asterix.

A matemática dos romanos, que era eminentemente prática, está contida na obra de Vitrúvio. Os romanos eram intelectualmente tolerantes, e durante o Império Romano as academias gregas continuaram sua importante obra filosófica e matemática. Particularmente notável é Apolonio (*ca.* 240-174 a.C.), que viveu em Alexandria e cujos estudos sobre as cônicas são fundamentais. Nessa mesma academia encontramos Cláudio Ptolomeu (*ca.* 100-178) e Diofanto (meados do século III), credenciado como o precursor da álgebra. Ptolomeu é conhecido pela sua obra de astronomia, aplicando a geometria ao estudo das órbitas dos planetas, tendo a Terra como centro de referência. A obra de Ptolomeu era de tal importância que, ao traduzi-la, os árabes a chamaram *Al magesto* (a maior). Esses matemáticos são representantes do chamado período helenístico, que se manteve durante o apogeu do Império Romano, extremamente tolerante com a intelectualidade politicamente subordinada.

Os romanos eram igualmente tolerantes do ponto de vista religioso. Em pleno apogeu do Império Romano surge Jesus Cristo no Reino da Judeia, um dos territórios conquistados. Não tendo questionado os preceitos de cidadania do Império Romano, a Cristo não se imputaram violações das leis civis. Como mostra o episódio de Pilatos, a condenação de Cristo foi assunto interno da sociedade judaica, juridicamente autônoma em questões intelectuais e religiosas. Esse episódio, que cronologicamente marca o início da era atual, foi de nenhuma importância na época. Mas, se os romanos se mostravam tolerantes com relação à religião e à cultura em geral, eram extremamente rígidos quando se tratava da contestação do domínio civil e militar de Roma. Daí, o surgimento de outro líder religioso, Bar Kochba, que confrontou o domínio romano em 132-135, apoiado pela sociedade judaica. A grande revolta dos judeus foi violentamente reprimida e deu origem à dissolução do Reino da Judeia e à dispersão dos judeus por todo o Império Romano. Esse foi um fato da maior importância na construção do mundo moderno.

Enquanto isso, os poucos discípulos de Cristo (12 apóstolos), que se espalharam por todo o Império Romano, onde se praticavam diversas modalidades de paganismo, pregavam sua palavra e seus ensinamentos. Isso em pouco afetava o poder imperial, que não tinha qualquer definição religiosa. A mensagem filosófica implícita nesses ensinamentos, que fala de um deus único e abstrato, era praticamente inacessível à intelectualidade romana impregnada da filosofia grega. Aqueles que poderiam entender essa filosofia, os judeus, preferiram não ter qualquer relação com Cristo, que durante a dominação romana havia sido considerado politicamente decepcionante e filosoficamente rudimentar. Por outro lado, esses ensinamentos e a moral e o código de comportamento social implícitos representaram uma alternativa para muitos romanos da plebe e da classe média, descontentes com a sociedade romana que estava passando por um período de decadência, com crescente fragilidade e corrupção política, devassidão de costumes e debilidade militar. Um fenômeno muito semelhante ao que se passa hoje em todo o mundo e que tem como consequência a proliferação de inúmeras seitas religiosas, cristãs e não cristãs.

Num dos momentos críticos do Império Romano, Constantino (*ca.* 280-337) transferiu a capital para Constantinopla – hoje Istambul – e, numa importante articulação política, recebeu o apoio dos cristãos, que cresciam em número na plebe, na classe média e entre os militares. Em pouco tempo, o cristianismo tornou-se a religião do Império Romano. O papa, como herdeiro da missão de chefe da Igreja, confiada por Cristo ao apóstolo Pedro e transmitida de geração a geração, foi reconhecido como guia espiritual dessa nova religião. A Igreja passou então a exercer um poder paralelo no Império Romano, por meio do assessoramento direto ao imperador para questões temporais. A Igreja católica organizou-se com uma estrutura muito semelhante à do Império, sendo o papa escolhido por um conselho de cardeais, muito no estilo do imperador. O poder temporal e o poder religioso passaram a se complementar e em pouco tempo se deu uma subordinação do poder temporal ao religioso.

❑ *A Idade Média e o Islão*

A cristianização se fez sem uma fundamentação filosófica adequada. Era muito fraco o nível intelectual dos cristãos quando comparado ao dos filósofos pagãos. O primeiro grande filósofo do cristianismo foi Santo Agostinho (354-430), que escreveu entre 413 e 426 uma grande obra filosófica, *A cidade de Deus*. Inicia-se assim a chamada Idade Média, marcada intelectualmente pelo objetivo maior de construir as bases filosóficas para o cristianismo. As academias gregas pouco podiam ajudar nessa tarefa. Particularmente a matemática abstrata, filosófica, em nada podia contribuir para a construção teórica da doutrina cristã. Até pelo contrário, pois Proclus alertou para a fraqueza teórica do cristianismo, dando como exemplo do que deveria ser uma verdadeira filosofia *Os elementos* de Euclides. Alexandria Teon (330-405), importante comentarista de Ptolomeu, pode ser considerado o último grande matemático da Antiguidade. Sua filha Hipatia (*ca.* 370-415), também matemática, escreveu comentários sobre Apolonio. Evidenciando o antagonismo dos cristãos com a filosofia e a matemática gregas, Hipatia foi morta pelos cristãos e a biblioteca de Alexandria, queimada. O interesse na filosofia grega diminuiu rapidamente e mesmo a língua grega caiu em desuso.

Os intelectuais cristãos criaram seu próprio espaço, como alternativa às academias gregas, para o importante exercício intelectual de construir uma filosofia: os mosteiros, que se estruturaram segundo os preceitos dados por São Bento (480-547). Nos mosteiros desenvolveu-se o pensamento da Idade Média direcionado à construção de uma teologia cristã. Não havia espaço para a matemática filosófica de origem grega.

A matemática utilitária progrediu muito nessa época entre o povo e os profissionais. Os algarismos romanos serviam apenas para representação. Mas foram desenvolvidos interessantes sistemas de contagem, utilizando pedras (*calculi*), ábacos e mãos. O Venerável Beda (673-735) escreveu um tratado sobre operações com as mãos. Também traduziu parte de *Os elementos*, trabalho que não teve qualquer repercussão. Modelos geométricos para construções de igrejas, que deram origem ao gótico, e para a pintura religiosa, que deram origem à perspectiva, foram muito desenvolvidos. Esses foram essencialmente precursores do que viria a ser chamado *as geometrias não euclidianas*.

Enquanto a Europa cristianizada procurava uma fundamentação filosófica para o cristianismo, nas costas ao sul do Mediterrâneo, norte da África e Oriente Médio, o descontentamento com a dominação romana era crescente. Não só com relação ao domínio político e econômico, mas com o cristianismo desapareceu a tolerância religiosa, que havia permitido a proliferação do judaísmo na região após a dispersão do Reino da Judeia. Embora Alá (que na língua hebraica é Jeová) fosse o mesmo Deus dos cristãos, a religião de Cristo era uma imposição romana inaceitável e arrogante. Maomé (*ca.* 570-632), durante uma viagem de Medina a Meca, retirou-se para prece nas montanhas – uma prática muito comum na região – e aí recebeu diretamente de Alá – ou Jeová ou Deus – a revelação de que havia chegado o momento da redenção de seu povo. Essa revelação se deu na forma de um livro, o *Corão*, que é um relato religioso da tradição bíblica, inclusive fazendo referência a Jesus, mas atribuindo a Maomé a qualidade de profeta e a responsabilidade de verdadeiro redentor do povo de Alá.

O *Corão*, ao mesmo tempo em que dá preceitos para restabelecer a sociedade que estava sob dominação romana havia cerca de 800 anos, estabelece regras de propriedade e de herança, assim como novos preceitos de comportamento político e moral e práticas de saúde, que foram rigidamente codificadas. Religiosamente, o essencial da tradição judaica era mantido. Filosoficamente, a possibilidade oferecida pelos gregos era enorme. Estes vinham trocando influências com o judaísmo havia vários séculos. Assim, a cultura grega teve especial destaque na nova ordem social e filosófica que se implantou.

A expansão do Islão, que significa "submissão à vontade de Alá", foi fulminante. Os muçulmanos, o que significa "verdadeiros crentes", conquistaram todo o norte da África, entraram na Península Ibérica e se dirigiram para Roma. Mas foram barrados em 732 nos Pirineus pelo rei dos francos, Carlos Martelo (*ca.* 688-741). Em 800, seu neto foi coroado imperador dos romanos como Carlos Magno (*ca.* 742-814). Como grande salvador do cristianismo, ele foi coroado pessoalmente pelo papa, iniciando-se assim uma tradição de poder do Vaticano que vem até os tempos modernos.

Na sua expansão para o Oeste, os muçulmanos ocuparam toda a região que vai desde o Bósforo e o Mar Negro até a Índia e a China. Logo o Império Islâmico ou Muçulmano se organizou em duas grandes divisões administrativas, os califatos, com capitais em Córdoba e em Bagdá. Ambas as cidades foram grandes centros culturais. A influência grega em ambos os califatos foi enorme. Em Córdoba e na região chamada *al-Andaluz* desenvolveu-se uma importante escola filosófica.[3]

---

3. Uma síntese das contribuições desse período pode ser encontrada no livro de Andrés Martínez Lorca (coord.), *Ensayos sobre la filosofía en al-Andaluz*, Barcelona: Anthropos, 1990.

Em Bagdá desenvolveu-se a principal escola matemática da Idade Média. O califa Harun al-Rashid (*ca.* 766-809), muito conhecido pelas *Mil e uma noites*, fundou em Bagdá uma grande biblioteca, com inúmeros textos matemáticos gregos. Al-Mamun, que foi califa de 813 a 833, fundou uma verdadeira universidade, a Casa da Sabedoria, e convidou um matemático chamado Muhammad ibn Musa al-Kwarizmi al-Magusi (*ca.* 780-847), de cultura persa, vindo da região do Mar de Aral, a maior figura da ciência islâmica. Embora tenham sido extremamente importantes os seus cálculos astronômicos, principalmente a *Geografia*, sua obra que mais repercussão viria a ter no futuro é *Pequena obra sobre o cálculo da redução e da confrontação* (*Al-Kitab al-muhtasar fi hisab al-jabr wál-muqabala*), na qual introduz a redução de termos semelhantes (*al-muqabala*) e a transposição de termos de uma equação mudando o sinal (*al-jabr*), marcando assim o nascimento da álgebra. O livro introduz um método de resolução de equações de 1º e 2º graus apreendido dos indianos. Também escreveu um livro muito importante em que descreve o sistema de numeração dos indianos, posicional de base 10. Na verdade, além de seus méritos como grande calculador astronômico, al-Kwarizmi é responsável por trazer para o Leste a importante matemática da Índia.[4]

Desde que os muçulmanos invadiram a Península Ibérica, o ideal da reconquista de seus domínios pelos reis cristãos ibéricos foi muito intenso. Na região do Atlântico, esses reis logo tiveram sucesso e o que é hoje Portugal completou a reconquista e a unificação no século XIII.

Mas já no ano 1000 os europeus haviam notado uma certa vulnerabilidade do Império Islâmico. O interesse da Igreja de ter acesso aos lugares sagrados onde viveu Cristo se associou ao dos mercadores de restabelecer as rotas para o Oriente, que haviam sido barradas pelos muçulmanos. Ambos encontraram nos nobres, em busca de novas aventuras, indivíduos dispostos a organizar expedições militares, que foram denominadas cruzadas, e cujo

---

4. Veja meu artigo "Al-Kwarizmi e sua importância na matemática", *Temas e Debates* n. 4, ano VII, 1994, pp. 40-50.

objetivo explícito era tomar posse de Jerusalém. Foram organizadas diversas cruzadas, com sucesso variável. Como consequência foram estabelecidos importantes contatos com os povos e a cultura da região, principalmente com os povos árabes, que então dominavam o Império Islâmico. Sem dúvida as cruzadas representaram o fator mais importante na modernização da Europa.

Ao saberem o que se fazia no Islão do ponto de vista filosófico, científico e matemático, os europeus puderam reorganizar o conhecimento que estava sendo gerado nos mosteiros, sempre com o grande objetivo de construir uma filosofia teológica para o cristianismo. Como os mosteiros eram instituições fechadas aos não monges e ao conhecimento herege, surgiram então instituições paralelas, as universidades, onde o contato entre monges e hereges era possível. Foram fundadas as universidades de Bolonha (1088), de Paris (1170), de Cambridge (1209), de Coimbra (1218), de Salamanca (1220), de Oxford (1249), de Montepelier (1220).

Comerciantes curiosos também deram a conhecer não só os desenvolvimentos dos grandes impérios asiáticos, e aí se destaca a importante obra de Marco Polo (*ca.* 1254-1324), mas também as práticas comerciais dos povos árabes. O mais importante foi Leonardo (*ca.* 1170-1240), chamado Fibonacci, isto é, filho do Bonacci, um comerciante de Pisa. Leonardo aprendeu com os árabes o sistema posicional de numeração e de operações e publicou, em 1202, a obra *Liber abbaci,* na qual explicava todo o sistema posicional e as regras de operações aritméticas. Esse foi o livro mais importante no desenvolvimento da matemática europeia. Foi acessível primeiramente aos comerciantes e banqueiros, que estabeleceram assim as bases para a economia moderna na Europa. O *Liber abbaci* teve inúmeras versões, com variações muito pequenas, em toda a Europa. Fibonacci também escreveu *Practica geometriae* (1220) e a sua obra mais importante foi *Libri quadratorum* (1225), na qual estuda equações diofantinas.

Naturalmente, a tolerância islâmica permitiu a evolução da tradição judaica, com uma matemática mais prática que aquela dos gregos. Foram importantes o *Tratado das medições e cálculos,* de

Abraham bar Hiyya (†1136), o cálculo combinatório de Abraham ibn Ezra (1090-1167) e a introdução do método de indução por Levi ben Gerson (1288-1344).[5]

A filosofia do Islão foi igualmente fundamental. Ao conhecerem a obra médica de Avicena/ibn Sina (980-1037) e os comentários sobre Platão e Aristóteles de Averróes/ibn Rushd (11261198) e de Maimonides (1135-1204), os cristãos tiveram reavivado seu interesse na filosofia grega. Também foi reconhecido o sistema lógico implícito em *Os elementos* de Euclides. Assim foi possível completar a construção de uma teologia cristã. Coube a São Tomás (*ca.* 1225-1274) de Aquino publicar a maior obra filosófica da Idade Média, a *Summa theologica.* Não é inapropriado dizer que essa é uma obra de matemática, conceituada no sentido da Antiguidade, voltada a explicações de Deus e do cristianismo. O interesse leigo na obra de Euclides surge apenas modestamente no século XV.[6]

Nos séculos XIV e XV temos grande desenvolvimento da matemática nos mosteiros e nas universidades. De fato, não se deveria falar em matemática. Os interesses eram na filosofia e na lógica; na óptica, antecipando a invenção dos telescópios; na navegação, em que se destaca o trabalho dos portugueses, principalmente de Pedro Nunes (1502-1578), que publicou os importantes tratados *Álgebra na aritmética e na geometria* e o *Tratado da esfera*; nas construções e nas artes, em que lembramos Leon Batista Alberti (1404-1472), que modernizou a obra de Vitruvius. Todos aqueles conhecimentos que passariam a ser denominados *matemática*[7] começaram nessa época a ser organizados com um estilo próprio e a ser conhecidos por especialistas. Reconhece-se aí o nascimento de especialidades no conhecimento.

---

5. O excelente livro de Victor J. Katz, *A history of mathematics. An introduction* (Nova York: Harper Collins, 1993), dá atenção à matemática judaica e traz importantes referências à matemática de outros sistemas culturais.
6. Veja meu artigo "Etnomatemática e seu lugar na história e na pedagogia da matemática", *Ciência e Técnica (Antologia de textos históricos),* org. Ruy Gama, São Paulo: T.A. Queiroz Ed., 1993, pp. 105-116.
7. O termo *matemática,* como o utilizamos hoje, começa a surgir no século XV.

❑ *A matemática ocidental a partir dos descobrimentos e do Renascimento*

As navegações portuguesas no século XV foram um marco na história da humanidade. O que chamamos "descobrimentos marítimos" é uma epopeia comparável ao que hoje se vê na conquista do espaço. O desenvolvimento científico de Portugal, inteiramente isolado e focalizado nas navegações, foi notável. O maior matemático da época foi Pedro Nunes. Por outro lado, a concentração de recursos materiais e humanos de Portugal nessa verdadeira epopeia e o isolamento desse país nesse processo privaram seus cientistas de acompanhar a evolução do conhecimento no resto da Europa.

A Espanha, que teve na reconquista o seu grande motivo nacional, passou por um processo semelhante, embora não tenha havido um isolamento como em Portugal. Houve sim um processamento rígido de manutenção de uma forma de imunização religiosa e filosófica das novas ideias associadas à Reforma protestante. De fato, ao completar a reconquista da Península Ibérica do domínio muçulmano, tendo expulsado o último sultão Boabdil, em maio de 1492, a Espanha reclamou liderança na salvaguarda da Igreja católica dos avanços da Reforma e estabeleceu a Inquisição. Esta inibiu o acesso às novas ideias que então se desenvolviam na Europa. Politicamente, a Espanha exerceu importante ação na Europa. Mas, economicamente, a única possibilidade que restava à Espanha era seguir a política portuguesa de abrir rotas pelo Atlântico. Assim, Cristóvão Colombo, que teve toda sua formação em Portugal, partiu para abrir uma rota marítima para o Japão. Deu-se então o descobrimento inesperado das Américas em 12 de outubro de 1492, completamente fora do objetivo de sua viagem. Na verdade, Colombo morreu sem saber que não havia chegado ao Japão.

Por razões distintas, mas que se complementam nas causas e no estilo, Portugal e Espanha entraram, a partir do século XVI, num isolamento intelectual do resto da Europa. Esse isolamento logo se transformou em profundo antagonismo contra as demais nações da Europa quando estas se lançaram à conquista colonial. Todos os recursos humanos e materiais de Portugal e da Espanha passaram a ser dirigidos para a defesa das terras conquistadas. Uma tarefa insustentável, que custou a Portugal e à Espanha um enorme atraso na assimilação da ciência moderna.

Nos demais países da Europa, as ideias geradas na Idade Média encontraram um enorme campo para se desenvolver, gerando novos enfoques filosóficos. O impacto do descobrimento de outras realidades humanas, sociais, culturais, econômicas e sobretudo naturais nas novas terras levou à criação de novos sistemas de explicações e de instrumentos materiais e intelectuais associados a esses sistemas.

Isso aconteceu quando outro estímulo intelectual estava proliferando na Europa: o acesso às fontes originais gregas e romanas. É o Renascimento. Embora as universidades estivessem se vitalizando, o aparecimento de academias destinadas à recuperação do passado cultural grego e romano teve um importante efeito na divulgação e mesmo na popularização de cultura. Diferentemente do que acontecia nas universidades, onde o ambiente era fechado aos de fora, aos não titulados, nessas novas academias e em concursos públicos a participação era exclusivamente por mérito. O mecenato passou a competir com a Igreja como impulsionador do conhecimento. A Reforma não está dissociada disso.

Deve-se destacar o interesse da população por concursos públicos. O impacto desses nas artes e na filosofia é notável. Eram comuns os jogos culturais, com prêmios em dinheiro. Dentre esses, os concursos públicos para a resolução de problemas matemáticos. Algo semelhante ao que se vê hoje em praças públicas de certas cidades, onde pessoas se reúnem para um jogo de truco, damas e xadrez.

Nesse ambiente de resolução de problemas matemáticos começou a se desenvolver um grande interesse pela resolução de equações de grau superior. Al-Kwarizmi tinha deixado muito bem estudadas as equações de 2º grau. Houve muita divulgação na Europa. Mas e o caso de 3º grau? Um italiano, Nicolló Tartaglia (1499-1557), sabia como resolver essas equações. Parece ter aprendido de seu professor Scipione del Ferro (1465-1526) na Universidade de Bolonha. E isso era importante para concursos públicos. Um médico, pesquisador muito importante, Girolamo Cardano (1501-1576), conseguiu que Tartaglia ensinasse a ele o método, prometendo que seria só para entrar em concursos e com a promessa de não divulgá-lo. Mas Cardano não cumpriu a promessa e publicou a *Ars magna* (1545), onde expõe métodos de resolução de equações de 3º e 4º graus.

As reflexões sobre o homem, sua natureza intelectual e o que viriam a ser métodos eram não só importantes, mas necessárias para a organização de uma grande diversidade de informações. A mais conhecida dessas reflexões é o *Discurso do método* (1637), de René Descartes (1596-1650). Nos exemplos que dá como apêndice de seu livro, Descartes introduz um outro enfoque para a geometria, utilizando noções e notações da nova álgebra, e que hoje chamamos geometria analítica.

Mas sobretudo a capacidade de observação (telescópios e microscópios) criou necessidades de instrumentos intelectuais para lidar com o observado. Ampliou-se o universo dos números com a introdução de decimais por Simon Stevin (1548-1620) e dos logaritmos por John Napier (1550-1617). Isso possibilitou passar de uma ciência reflexiva a uma ciência experimental. O centro dessa importante mudança no conceito de ciência estava na Universidade de Cambridge. A figura mais conhecida e, sem dúvida, a mais importante nessa fase é Isaac Newton (1642-1727), que escreveu um livro que marcou época, identificando o início da ciência moderna, *Principia mathematica philosophiae naturalis* (1687),[8] no qual estabelece as leis da mecânica utilizando um novo instrumental matemático, o *cálculo diferencial.*

❑ *Do cálculo à industrialização e o século XX*

Costuma-se colocar a publicação dos *Principia* como o início da ciência moderna. Na verdade, de toda a filosofia moderna. Tudo o

8. Existe uma excelente tradução para o português: Isaac Newton, *Principia. Princípios matemáticos de filosofia natural*, trad. T. Ricci, L.G. Brunet, S.T. Gehring, M.H. Curcio Célia, São Paulo: Nova Stella/Edusp, 1990, vol. 1.

que se faz a partir de então é de algum modo relacionado com a obra de Newton, seguindo-a, rejeitando-a ou criticando-a. Mas nunca a ignorando. Essa influência não se limita à ciência. Os grandes filósofos viram nas ideias de Newton um tema central para suas reflexões. Enfim, Newton deu início a um novo sistema geral de explicações. Curiosamente, ele se apoiou fortemente no método cartesiano que é o ponto de partida para o reducionismo disciplinar e as especializações. Mas não vamos entrar nessas considerações sobre a história das ideias.

Nesse mesmo período, e com íntima relação, generalizam-se as expedições de conquista, deflagradas por Espanha e Portugal e logo praticadas pelos demais países da Europa, em especial França, Holanda e Inglaterra. Assim se estabeleceram as bases dos impérios coloniais, e o mundo entrou num outro sistema de propriedade e de produção e a economia capitalista começou a se estabelecer. Uma consequência óbvia da conjugação das propostas científicas e econômicas é a industrialização. O desenvolvimento tecnológico e agora a alta tecnologia foram os passos seguintes dessa associação.

Um grande filósofo alemão, contemporâneo de Newton, Gottfried Wilhelm Leibniz (1646-1716), compartilha com ele a glória de ter inventado o cálculo diferencial. De fato, a notação dy/dx é devida a Leibniz. As duas invenções, praticamente ao mesmo tempo, foram independentes e com objetivos distintos. Mas essa coincidência deu origem a uma verdadeira guerra entre os intelectuais da Inglaterra e os da Europa continental. Eles acusavam-se mutuamente de plágio. Como consequência a Inglaterra ficou um tanto isolada do desenvolvimento da matemática europeia, inclusive com a recusa dos cientistas ingleses de adotarem a notação de Leibniz.

Na Europa continental as ideias de Newton eram muito convenientes para o pensamento político que se construía como base filosófica para a Revolução Francesa. Imediatamente os intelectuais revolucionários adotaram a nova matemática proposta por Newton e deram ao cálculo diferencial um impulso notável. Em Basileia, na Suíça, foram desenvolvidos o cálculo das variações e a teoria das séries infinitas por Johann Bernoulli (1667-1748) e, sobretudo, por Leonhard Euler (1707-1783). As equações diferenciais tiveram grande impulso com o próprio Euler e na França pré-revolucionária com Joseph-Louis Lagrange (1736-1813) e Pierre-Simon Laplace (1749-1827), que também deu enorme impulso à teoria das probabilidades. A mecânica celeste e a física matemática passaram então a ser firmemente estabelecidas.

O século seguinte caracterizou-se por um retorno à matemática discreta, principalmente na Inglaterra. Destaca-se George Boole (1815-1864). Logo no início do século, Charles Babbage (1792-1871) fez seu doutoramento na Universidade de Cambridge sobre questões relativas a máquinas de calcular, que nos séculos XVII e XVIII haviam sido a grande preocupação de Blaise Pascal (1623-1662) e de G.W. Leibniz. A tese de Babbage pode ser considerada o passo inicial para a ciência da computação, que recebeu o segundo grande impulso no final do século XIX com a tese de H. Hollerith (1860-1929), na Columbia University, Estados Unidos. Curiosamente, esses trabalhos são praticamente ignorados nos tratamentos mais conhecidos da história da matemática, bem como a grande inovação que é o desenvolvimento de espaços vetoriais, de quaterniões e das matrizes por William Rowan Hamilton (1805-1865), Hermann Grassmann (1809-1877), Arthur Cailey (1821-1895), James Joseph Sylvester (1814-1897). Efetivamente esse é o início da álgebra multilinear. Pode-se dizer que estava se preparando, no século XIX, uma nova matemática aplicada, que depois viria a possibilitar os grandes avanços da física, especificamente a Teoria da Relatividade e a mecânica quântica, no início do século XX, e a informática na segunda metade do século XX.

A história da matemática destaca mais os aprimoramentos da velha matemática. Desponta o nome de Augustin-Louis Cauchy (1789-1857), que coloca a análise matemática em termos rigorosos e introduz uma definição de limite que viria a caracterizar o tratamento rigoroso da análise. Coube a Karl Weierstrass (1815-1897) introduzir o formalismo de *epsilon* e *delta*. Cauchy define uma estrutura de curso de cálculo diferencial e integral que perdura até os dias de hoje. A geometria analítica incorpora-se ao cálculo e a geometria diferencial tem seu momento de glória, sobretudo graças ao trabalho fundamental de Carl F. Gauss (1777-1855). A álgebra também recebe grande impulso com a demonstração, por Niels Abel (1802-1829), da impossibilidade de resolver equações de grau superior a quatro por radicais. Juntamente com Évariste Galois (1811-1832), também estudando a resolubilidade de equações, ele pode ser considerado o fundador da álgebra moderna. A geometria sintética, isto é, sem utilizar coordenadas, como fazia Euclides, passa por uma revitalização com a formalização da geometria projetiva, sobretudo por Jean-Victor Poncelet (1788-1867), e das chamadas geometrias não euclidianas, com os trabalhos fundamentais de Nikolai Lobachevski (1792-1856) e de János Bolyai (1802-1860).

Algo muito importante foi o surgimento de novas possibilidades de análise do mundo físico com o instrumental matemático. É o momento mais importante da física matemática, no qual se destacam os trabalhos de Jean Baptiste Fourier (1768-1830) e de Georg Bernhard Riemann (1826-1866). Os números complexos, que haviam sido introduzidos no século XVII com relação à resolução de equações, vêm ter no final do século XIX uma grande importância nas generalizações do conceito de espaço, surgindo então a análise complexa.

Em geral, a análise aplicada mostra um grande avanço dos problemas de estabilidade de equações diferenciais, sobretudo pelos trabalhos de Henri Poincaré (1854-1912) e de A.M. Lyapunov (1857-1918). O cálculo das variações também teve importante desenvolvimento com a introdução dos métodos diretos por Karl Weierstrass (1815-1897) e David Hilbert (1862-1943). Também a teoria dos números tem um grande avanço, sobretudo com os estudos das propriedades e a distribuição de números primos, bem como a resolução de congruências, essencialmente equações num universo numérico modular.[9] São notáveis nessa área as contribuições de Carl

9. De certo modo, isso estava incorporado nos programas dos cursos primários, na forma do que se chamava "números complexos" (ângulos, tempo, moeda inglesa), na verdade sistemas numéricos modulares. Por exemplo, que dia e horas serão 60 horas após 19 horas do dia 30 de março? Depois dos anos 1970 essa parte do programa foi desativada – lamentavelmente! Aqueles que gostam de criticar as calculadoras têm aí um bom exemplo de algo que não se faz só com elas.

F. Gauss, que já foi chamado o "príncipe dos matemáticos", e de Gustav P. Lejeune-Dirichlet (1805-1859).

Importante também foi o avanço na direção dos fundamentos da matemática. Georg Cantor (1845-1918) formalizou uma teoria dos conjuntos e os números reais foram rigorosamente definidos por Richard Dedekind (1831-1916) e a lógica matemática é firmemente estabelecida com o trabalho fundamental de Bertrand Russell (1872-1970) e Alfred N. Whitehead (1861-1947), os *Principia mathematica* (1910-1913).

De muito interesse para a educação matemática é a contribuição do consagrado matemático Felix Klein (1849-1925). Já firmemente estabelecido como um dos mais importantes matemáticos do final do século XIX, Felix Klein percebe que as possibilidades industriais da Alemanha, que pouco antes havia sido organizada como uma nação, dependiam de uma renovação da educação secundária, sobretudo modernizando o ensino da matemática. Essa modernização incluía os avanços recentes, incluindo vetores e determinantes e um tratamento menos formal da geometria euclidiana. Sua orientação levava a uma matemática com vistas a aplicações. Seu livro *Matemática elementar de um ponto de vista avançado* marcou época e poder-se-ia dizer que representa o início da moderna educação matemática.

Na transição do século XIX para o século XX há a realização do Primeiro Congresso Matemático Internacional em Chicago, 1893, e em 1900 o Segundo Congresso Matemático Internacional em Paris. Nesse congresso a conferência principal foi dada por David Hilbert, que apresentou uma lista de 23 problemas que, segundo ele, seriam a principal preocupação dos matemáticos no século XX. De fato, muito do que se fez em matemática no século passado teve como foco os problemas formulados por Hilbert. Quase todos foram resolvidos.[10]

---

10. Uma tradução da conferência de David Hilbert está reproduzida no livro *Classics of mathematics*, ed. Ronald Calinger, Englewood Cliffs: Prentice-Hall, 1995, pp. 698-718. 10. O livro *Mathematics into the twenty-first century*, ed. Felix E. Browder, Providence, American Mathematical Society, 1992, mostra as principais direções de pesquisa matemática no final do século XX e, num certo sentido, antecipa os principais problemas que viriam a ser a preocupação dos matemáticos no atual.

No século XX vimos o aparecimento de estruturas muito gerais de espaço, formalizando uma geometria associada à análise, no que se denominou topologia, introduzindo uma análise para espaços de dimensão infinita, que é a análise funcional, dando um formalismo algébrico à geometria, por meio da geometria algébrica, e sobretudo estabelecendo estruturas básicas para a geometria, a análise e a álgebra. É de destacar uma obra que foi concebida para ser o equivalente no século XX do trabalho de Euclides, sintetizando toda a matemática conhecida. Trata-se dos *Elementos de matemática*, de Nicolas Bourbaki. Bourbaki é um personagem fictício, adotado por um grupo de jovens matemáticos franceses em 1928, que se reuniam num seminário para discutir e propor avanços da matemática em todas as áreas. A obra de Bourbaki, já com cerca de 100 volumes e ainda incompleta, foi sem dúvida a obra matemática mais importante dos meados do século XX. Houve grande influência de Bourbaki no desenvolvimento da matemática no Brasil, sobretudo nas décadas de 1940 e 1950.

A obra monumental de Bourbaki teve grande repercussão na educação matemática de todo o mundo por intermédio do que ficou conhecido como matemática moderna, que teve considerável importância no Brasil.[11] Lamentavelmente, tudo o que se fala da matemática moderna é negativo. Mas sem dúvida foi um movimento da maior importância na demolição de certos mitos então prevalecentes na educação matemática. Como toda inovação radical, sofreu as consequências do exagero, da precipitação e da improvisação. Os desacertos, muito naturais e esperados, foram explorados e sensacionalizados pelos "mesmistas" e a matemática moderna foi desprestigiada e combatida.

---

11. A tese de doutoramento de Beatriz Silva D'Ambrosio, "The dynamics and consequences of the modern mathematics reform movement for brazilian mathematics education", Indiana University, School of Education, 1987, aborda esse movimento no Brasil.

❑ *A matemática e seu ensino no Brasil*

Não vou me estender na discussão das várias etapas do desenvolvimento da matemática e do seu ensino no Brasil, pois este não é um livro de história da matemática. Uma referência importante para isso é o livro de Clóvis Pereira da Silva.[12] Também é interessante que se conheça um pouco da história das ciências no Brasil. Um resumo bem acessível é de Moacyr Costa Ferreira.[13] Mas não posso deixar de sintetizar, em alguns parágrafos, essa história.

No período colonial e no Império há pouco a registrar. O ensino era tradicional, modelado no sistema português, e a pesquisa, incipiente. Não havia universidade nem imprensa. Com o translado da família real para o Brasil, em 1808, criou-se uma imprensa, além de vários estabelecimentos culturais, como uma biblioteca e um jardim botânico. Afinal, o Rio de Janeiro tornou-se a capital do Reino Unido de Portugal, Brasil e Algarves. Criou-se, então, em 1810, a primeira escola superior, Academia Real Militar da Corte no Rio de Janeiro, transformando-se na Escola Central em 1858 e na Escola Politécnica em 1974. Logo a seguir foram criadas faculdades de Direito em Olinda e em São Paulo, Escola de Medicina na Bahia e várias outras escolas isoladas. No Império destacam-se Joaquim Gomes de Souza (1829-1863), o "Souzinha", e Benjamin Constant.

Com o advento da República houve uma forte influência francesa, particularmente do positivismo. Pouco se fez em pesquisa até o início do século, quando surgem Otto de Alencar, Teodoro Ramos, Amoroso Costa e Lélio Gama, todos no Rio de Janeiro.

Em 1928 Teodoro Ramos transfere-se para a Escola Politécnica de São Paulo e inicia-se então a fase paulista do desenvolvimento da matemática. Em 1933 foi criada a Faculdade de Filosofia, Ciências e Letras da Universidade de São Paulo e logo em seguida

12. Clóvis Pereira da Silva, *A matemática no Brasil. Uma história do seu desenvolvimento*, Curitiba: Editora da Universidade Federal do Paraná, 1992.
13. Moacyr Costa Ferreira, *A ciência brasileira. Breve contribuição para a sua história*, São Paulo: Edicon, 1992.

a Universidade do Distrito Federal, transformada em Universidade do Brasil em 1937. Nessas instituições inicia-se a formação dos primeiros pesquisadores modernos de matemática no Brasil.[14] Logo após a Segunda Guerra Mundial há um grande desenvolvimento da pesquisa científica, com a criação do Conselho Nacional de Pesquisas em 1955 e seu Instituto de Matemática Pura e Aplicada/Impa e a realização dos Colóquios Brasileiros de Matemática a partir de 1957, em Poços de Caldas. Desde então a pesquisa matemática no Brasil vem crescendo consideravelmente e hoje tem destaque internacional.

Com a criação das faculdades de Filosofia, Ciências e Letras criam-se os primeiros cursos de licenciatura. Até então a influência francesa nos livros era enorme. Havia traduções e algumas produções didáticas brasileiras de muito alto nível. Destaco a coleção de Cecil Thiré, Euclydes Roxo e Julio Cesar de Melo e Souza. Este último passou a escrever, na década de 1940, importante literatura de inspiração árabe, com o pseudônimo de Malba Tahan. Na sua vasta obra se destaca *O homem que calculava*. Também seus escritos sobre didática da matemática são muito importantes, bem como os escritos de Euclydes Roxo. Outros livros importantes são as coleções de Jácomo Stávale, de Ary Quintella e de Algacyr Munhoz Maeder. Um estudo desses livros e de seus autores é um importante tema para aqueles interessados em fazer história da matemática.

O licenciado era professor de ginásio (na estrutura de hoje, do 6º ao 9º ano do ensino fundamental) e do colegial (hoje, ensino médio). O curso primário, hoje do 1º ao 5º ano do ensino fundamental, era responsabilidade de professores normalistas. O curso normal, equivalente ao ensino médio, era de formação pedagógica geral, com matemática nos três anos. O modelo adotado para a licenciatura foi 3+1, isto é, três anos só de matemática, dando o título de bacharel, e mais um ano de matérias pedagógicas (didática geral, didática especial da matemática e psicologia da criança e do adolescente).

---

14. Para uma síntese do desenvolvimento da matemática no Brasil até essa época, veja meu artigo "O seminário matemático e físico da Universidade de São Paulo", *Temas e Debates* n. 4, ano VII, 1994, pp. 20-27.

Quando fiz o curso, em 1950, o bacharelado era no mesmo estilo de hoje, embora muito mais avançado. Esse modelo ainda predomina, embora haja licenciaturas mais modernas. Um bom tema para aqueles interessados em pesquisa na história da matemática é o estudo dos currículos, do corpo docente, da carga horária, dos livros utilizados nos primeiros cursos de licenciatura.

Os programas do ginásio e do colégio eram essencialmente iguais aos de hoje, também com mais profundidade. O rendimento não era melhor que o de hoje, embora muitos digam que naquele tempo os alunos se interessavam mais e o rendimento era melhor. Curioso como os saudosistas têm memória curta.

Na década de 1960 é criado em São Paulo, sob a liderança de Osvaldo Sangiorgi, o Grupo de Estudos de Educação Matemática (Geem). Logo são criados o Geempa, em Porto Alegre, e o Grupo de Estudos e Pesquisas em Educação Matemática (Gepem), no Rio de Janeiro. O movimento da matemática moderna teve enorme importância na identificação de novas lideranças na educação matemática e na aproximação dos pesquisadores com os educadores, sobretudo em São Paulo. Nessa ocasião visitaram o Brasil Jean Dieudonné, que já havia sido professor da Faculdade de Filosofia, Ciências e Letras da USP de 1946 a 1948, Lucienne Félix, Georges Springer, Caleb Gattegno, Zoltan Dienes e inúmeros outros.

Se a matemática moderna não produziu os resultados pretendidos, o movimento serviu para desmistificar muito do que se fazia no ensino da matemática e mudar – sem dúvida, para melhor – o estilo das aulas e das provas e para introduzir muitas coisas novas, sobretudo a linguagem moderna de conjuntos. Claro, houve exageros e incompetência, como em todas as inovações. Mas o saldo foi altamente positivo. Isso se passou, com essas mesmas características, em todo o mundo.

❑ *O futuro*

Hoje, a matemática vem passando por uma grande transformação. Isso é absolutamente natural. Os meios de observação, de coleta de dados e de processamento desses dados, que são essenciais na criação matemática, mudaram profundamente. Não que se tenha relaxado o rigor, mas, sem dúvida, o rigor científico hoje é de outra natureza.

Outro grande fator de mudança é o reconhecimento do fato de a matemática ser muito afetada pela diversidade cultural. Não apenas a matemática elementar, reconhecendo as etnomatemáticas e procurando incorporá-las ao currículo, mas também se reconhece diversidade naquilo que chamamos matemática avançada ou matemática universitária e a pesquisa em matemática pura e aplicada. Essas são afetadas pelo que poderíamos chamar uma diversidade cultural na pesquisa, a interdisciplinaridade e mesmo a transdisciplinaridade.[15] Um exame rápido do *Mathematical Reviews* e do *Zentralblatt für Mathematik*, que são as publicações que fazem a resenha de praticamente tudo o que se publica em pesquisa matemática no mundo, revela inúmeras áreas novas de pesquisa e um grande número de pesquisadores, com publicações importantes, que não são profissionalmente matemáticos. Poderíamos dizer que a matemática é o estilo de pensamento dos dias de hoje, a linguagem adequada para expressar as reflexões sobre a natureza e as maneiras de explicação. Isso tem naturalmente importantes raízes e implicações filosóficas.

Pode-se prever que na matemática do futuro serão importantes o que hoje se chama matemática discreta e igualmente o que se chamavam "casos patológicos", desde a não linearidade até teoria do caos, fractais, *fuzzies*, teoria dos jogos, pesquisa operacional, programação dinâmica. Lamentavelmente isso só é estudado em algumas especialidades de matemática aplicada. Justamente por representar a matemática do futuro, é muito mais interessante para o jovem. Os problemas tratados são mais interessantes, a visualização é no estilo moderno, parecido com o que se vê em TV e nos computadores.

---

15. Sugiro que vejam Pierre Weil, Ubiratan D'Ambrosio e Roberto Crema, citado na nota 1. Outro livro relevante sobre o tema é de Julie Thompson Klein, *Interdisciplinarity. History, theory & practice*, Detroit: Wayne State University Press, 1990.

O mais importante é destacar que toda essa matemática é acessível até no nível primário. Já é tempo de os cursos de licenciatura perceberem que é possível organizar um currículo baseado em coisas modernas. Não é de estranhar que o rendimento esteja cada vez mais baixo, em todos os níveis. Os alunos não podem aguentar coisas obsoletas e inúteis, além de desinteressantes para muitos. Não se pode fazer todo aluno vibrar com a beleza da demonstração do Teorema de Pitágoras e outros fatos matemáticos importantes. Voltaremos a isso no Capítulo 5.

Em educação matemática, assistimos na década de 1970 ao movimento da matemática moderna entrando em declínio em todo o mundo. Mas não há como negar que desse movimento ficou um outro modo de conduzir as aulas, com muita participação dos alunos, com uma percepção da importância de atividades, eliminando a ênfase antes exclusiva em contas e carroções. O método de projetos, com inúmeras variantes, se impôs.

Na década de 1970 surgiram, a um preço acessível, as calculadoras, que representam uma grande revolução, ainda em processo, no ensino de matemática. Vejo o aparecimento das calculadoras como tendo um impacto equivalente à introdução da numeração indo-arábica na Europa, no século XIII. É importante notar que a partir da publicação do *Liber abbaci*, a numeração indo-arábica levou cerca de 200 anos para efetivamente se impor na Europa e ser o determinante do novo pensar a partir do Renascimento. Não é de estranhar que ainda haja algumas pessoas que se declaram contra o uso das calculadoras.

Hoje estamos vivendo a era dos computadores, das comunicações e da informática em geral. Isso não altera a evolução do uso de calculadoras. São dois conceitos diferentes. A teleinformática (combinação de rádio, telefone, televisão, computadores) impõe-se como uma marca do mundo neste início do século XXI, afetando todos os setores da sociedade. Algo equivalente à invenção da imprensa por Gutenberg. Pense na possibilidade da vida moderna sem qualquer impresso. Da mesma maneira que impressos entraram em todos os setores da sociedade, o mesmo vem se passando com a teleinformática. Como consequência, na educação. Não há como escapar. Os educadores devem adotar a teleinformática sem restrições, como o normal no momento, pois de outra maneira se distanciarão da realidade vivida pelos alunos. Procure imaginar um professor que rejeita os meios mais tradicionais: falar, ver, ouvir, ler e escrever. Lamentavelmente ainda há alguns que só praticam o falar!

Não há muito com que se preocupar no que se refere à adoção desses meios, particularmente a calculadora e o computador. É uma ilusão investir em cursos de capacitação propedêutica. Basta aprender qual é o botão *on* e a partir daí tudo se desenrola. Eventualmente vão se criando necessidades específicas que serão satisfeitas com uma capacitação "a partir da demanda individual", muito no estilo do currículo do futuro, feito sob medida (*taylored*) *para cada aluno.*

Mais uma vez fui levado a falar de futuro. Mas não somos nós, educadores, responsáveis pela preparação para o futuro?

3

EDUCAÇÃO, CURRÍCULO E AVALIAÇÃO

Os maiores entraves a uma melhoria da educação têm sido o alto índice de reprovação e a enorme evasão. Ambos estão relacionados. Medidas dirigidas ao professor, tais como fornecer-lhe novas metodologias e melhorar, qualitativa e quantitativamente, seu domínio de conteúdo específico, são sem dúvida importantes, mas não têm praticamente nenhum resultado apreciável. Igualmente, focalizar esses esforços no aluno por meio de uma maior frequência a aulas e exames ou criar novos testes e mecanismos de avaliação tampouco tem dado resultados.

É necessário dispormos de um sistema de informações que permita aquilatar os efeitos do sistema escolar com os objetivos de aprimorar a gestão da qualidade e o rumo a ser dado à política educacional e ao seu financiamento.

Identifico nesses problemas da educação o que poderia chamar filosofia aplicada. Obviamente algo está errado com a filosofia que orienta a organização e o funcionamento do sistema educacional. Esse sistema é extremamente dinâmico e deve se transformar *pari passu* com as transformações dos vários setores da sociedade. Mecanismos de avaliação desse sistema são absolutamente necessários. Naturalmente devem-se procurar instrumentos de avaliação de outra natureza daqueles que vêm sendo erroneamente utilizados para testar alunos, tais como provas, exames, questionários e similares. O efeito de um sistema só pode ser avaliado por meio da análise do comportamento, individual e social, que resultou da passagem pelo sistema. Uma análise de impacto social, assim como de comportamento dos indivíduos e da sociedade como um todo, é que deveria ser aplicada. Os resultados da aplicação de instrumentos tradicionais poderão dar, na melhor das hipóteses e mediante elaborados modelos de interpretação, apenas informações parciais, focalizadas e geralmente pouco relevantes sobre a qualidade do sistema como um todo. Por exemplo, qual o interesse, do ponto de vista do indivíduo e da sociedade, em concluir que os jovens brasileiros chegam aos 12 anos sabendo conjugar corretamente o verbo "sentar"? Talvez eles jamais tenham percebido o que significa, socialmente, estar sentado. E que importará saber se nessa idade eles são capazes de extrair a raiz quadrada de 12.764? Ou de somar 5/39 + 7/65? Qual a relação disso com a satisfação e a ampliação de seu potencial como indivíduos e de seu exercício pleno de cidadania?

❑ *O problema com modelos classificatórios e avaliação em geral*

A permanente modernização da gestão é fundamental e isso exige um permanente repensar nos parâmetros de avaliação para que ela possa aquilatar a efetividade do sistema no desenvolvimento da criatividade individual e social – o que inclui o exercício pleno da cidadania e o aprimoramento, material e moral, dos setores produtivos. Naturalmente, o aprimoramento da gestão inclui, necessariamente, a ação de diretores de escola e o apoio de pais e outros setores da sociedade e, obviamente, dos alunos. Portanto, a transparência dos esquemas de avaliação e a exposição de resultados são essenciais. Mas é importante que se evitem modelos classificatórios.[1]

---

1. Uma das avaliações mais elaboradas foi conduzida pelo IEEA e ficou conhecida como "Second International Study of Mathematics Achievement/SIMS". Durou

Seria desnecessário dizer o quanto os modelos classificatórios de avaliação podem abrir espaço para corrupção. Corrupção no sentido usual, pois o que está envolvido em um bom resultado é um credenciamento que muitas vezes se transforma em bens materiais. E corrupção num sentido mais amplo e ainda mais grave, pois esses modelos levam os avaliados a se adaptar ao que é desejado pelos avaliadores. Julgo desnecessário dar exemplos de ambas as modalidades de corrupção.

Claramente, as avaliações como vêm sendo conduzidas, utilizando exames e testes, tanto de indivíduos como de sistemas, pouca resposta têm dado à deplorável situação dos nossos sistemas escolares. Além disso, têm aberto espaço para deformações às vezes irrecuperáveis, tanto em nível de alunos e professores quanto de escolas e do próprio sistema. A situação, se medida por resultados de exames, revela um crescente índice de reprovação, de repetência e de evasão. E as propostas sempre vão na direção de se reforçarem os mecanismos de avaliação existentes. Esse é o panorama internacional. Vejam-se as interpretações do SIMS referido na nota 1.

A situação no Brasil é particularmente grave. Muitos sistemas adotaram o modelo de aprovação por ciclos, isto é, o aluno é submetido a exame somente após dois ou três anos de escolaridade. Embora haja indicadores do corretismo desse modelo, a incompreensão de professores, pais e inclusive de alunos está gerando um movimento para o retorno aos exames tradicionais, e se fala mesmo em exames nacionais. A matéria é altamente controvertida, mas não pode haver dúvidas quanto ao prejuízo que acarretarão os testes nacionais, bem como um currículo obrigatório para todo o país.

---

de 1973 a 1985, envolvendo cerca de 40 países, e os resultados continuam sendo uma importante fonte de pesquisa. Ver a síntese dessa avaliação em Kenneth J. Travers e I. Westbury, *The IEA study of mathematics I*, Pergamon Press, 1989. As lições desse estudo continuam válidas. Lamentavelmente, embora não pretendendo ser classificatórias, algumas interpretações levaram a uma classificação, cujas consequências foram deturpadas e prejudiciais aos sistemas educacionais e às crianças. Analisar esse estudo pioneiro sobre avaliação em grande escala pode ajudar a esclarecer a complexidade do procedimento e evitar muitos problemas decorrentes da aplicação, por exemplo, do Exame Nacional do Ensino Médio (Enem).

Tem-se falado muito no Brasil em testes nacionais. É uma ilusão napoleônica achar que um currículo obrigatório, que atenda a todo o país, terá qualquer efeito no melhoramento da educação. O que há de mais moderno em educação trata o currículo como definido com base na classe, isto é, combinado – alguns dizem mesmo contratado – entre alunos, professores e comunidade. O currículo vai refletir aquilo que se deseja, aquilo que é necessário, de acordo com o que é possível, respondendo a características locais. Ainda mais absurdo e obsoleto é pensar em testes padronizados e nacionais. Isso vai frontalmente contra as novas conceituações de educação, tanto do ponto de vista social quanto do ponto de vista cognitivo. Tudo o que há de mais moderno em cognição e aprendizagem mostra que testes padronizados muitas vezes têm um efeito negativo no aprendizado.

Há uma linha que defende o retorno à educação castradora, com a mensagem de ser a mediocridade a situação ideal, representada pela chamada "curva de Bell".[2] Eu rejeito qualquer insinuação de que as autoridades educacionais no Brasil tenham uma tendência a essa linha de pensamento discriminatória e racista. Suas razões serão antes um equívoco, o que da mesma maneira causa muita apreensão.

Igualmente causa apreensão saber que muitos jovens não passarão no teste nacional. E pode-se prever que entre estes estarão principalmente jovens brasileiros comuns, filhos de famílias sem sucesso, carentes e mesmo desfeitas. Provavelmente esses constituirão a maioria dos fracassados. A impressão que se tem é de que as autoridades têm uma visão desses jovens como descartáveis no conceito corrente de desenvolvimento. Onde está, com essa medida darwinista, o passo em direção à redenção desses jovens? Esse exame é equivalente a propor melhorar a saúde do povo brasileiro mediante uma compra maciça de termômetros e dando um deles a cada família!

---

2. Veja Richard J. Herrnstein e Charles Muttay, *The bell curve: Intelligence and class structure in American life*, Nova York: Free Press, 1994. Veja também a interessante resenha de Leon J. Kamin, "Behind the curve", *Scientific American*, fev. 1995, pp. 82-86, e a polêmica "Wringing the bell curve" que se seguiu na mesma revista, maio 1995, p. 5.

Ora, sabemos que o problema está na febre, não na sua medição. Nada de positivo será alcançado ao publicar o nome do aluno que se saiu melhor nos testes, dando destaque à sua cidade, à sua escola. E isso não será evitado. Sem dúvida esses jovens serão objetos de exploração política. Será como um circo para desviar a atenção do essencial. Será que os proponentes da ideia se esqueceram da mensagem do filme *O homem que virou suco*, de João Batista de Andrade, de 1980?

Nenhuma pesquisa é convincente para dizer o quanto as avaliações, *da maneira como são atualmente conduzidas*, são indicadores de rendimento escolar. Importantes pesquisas têm mostrado que os resultados obtidos num ano escolar têm pouca relação com o desempenho em anos posteriores, contrariando expectativas.[3] Principalmente em matemática, a incapacidade de transferir conhecimento para uma situação nova é constatada.

Avaliação está ligada à filosofia de educação. É interessante notar que o fenômeno aprendizagem é reconhecido em todas as espécies e relaciona-se à capacidade de sobrevivência. No homem não é diferente. Aprende-se a respirar, a comer, a andar e assim por diante. A avaliação dessa aprendizagem é intrínseca ao processo. Não aprendeu a comer, sente fome; não aprendeu a andar, fica no lugar!

❑ *O que é educação?*

Na educação que se pratica usualmente na cultura ocidental pretende-se cuidar prioritariamente do intelecto, sem qualquer relação com as funções vitais. Graças a isso, que se firmou na filosofia ocidental desde Descartes, dicotomiza-se o comportamento do ser humano entre corpo e mente, entre matéria e espírito, entre saber e fazer, entre trabalho intelectual e manual. Desenvolvem-se, com base nisso, teorias de aprendizagem que distinguem um saber/fazer repetitivo do

3. Veja a tese de doutoramento de Dácio R. Hartwig, "Uma estrutura para as operações fatoriais e a tendência na utilização de fórmulas matemáticas: Um estudo exploratório", defendida na Faculdade de Educação da Universidade de São Paulo, em 1988.

saber/fazer dinâmico, privilegiando o repetitivo. Há expectativas de resultados que respondam ao padrão e essas expectativas vêm por sua vez privilegiar o saber como conhecimento e o fazer como produção. Ora, a produção é confrontada com o padrão por *controle de qualidade* e o conhecimento por *avaliação*. Na verdade, ambos estão na mesma categoria de confronto com um padrão e são estáticos e inibidores.

No curso da história da produção, o fazer criativo, muito próprio de obras artísticas, passa por incompreensões e vicissitudes, enquanto o saber especulativo, próprio da produção intelectual, é praticamente impossível de ser constatado. Assim desenvolvem-se sistemas que evitam as dificuldades inerentes à criatividade e ao especulativo. Inovação é difícil de julgar. Então se julgam o fazer e o saber padronizados e repetitivos. A esses se aplicam controle de qualidade e avaliação.

O paralelo vai mais longe quando começam a se desenvolver os sistemas de massa na educação e na produção. A ideia de "gerenciamento científico" introduzida no sistema de produção industrial por F.W. Taylor no início do século passado tem um paralelo muito importante na educação. Ao se introduzir o sistema de massa em educação, o aluno é tratado como um automóvel que deverá sair pronto no final da esteira de montagem, e esse é o *objetivo* do processo; ele vai sendo conduzido e, em cada "estação", que em educação quer dizer em cada ano escolar, são montadas certas "partes", isto é, motor, carroceria, rodas, que correspondem na educação a *conteúdos* programados; para isso o montador foi treinado para fazer aquilo no tempo determinado, isto é, seguindo *métodos* preestabelecidos. O análogo ao taylorismo em educação é a primazia do currículo, com seus componentes *objetivos, conteúdos* e *métodos*. Ora, assim como na linha de montagem deve-se ao final de cada estação fazer um controle, saber se o motor foi efetivamente colocado e está funcionando, no fim de cada ano se faz um exame. No final da esteira de montagem o carro deve sair andando, isto é, outro exame para saber se ele funciona de acordo com as especificidades do mercado comprador. Veja a respeito, inclusive para o paralelo com o taylorismo, o importante livro de Ole Skovsmose.[4]

---

4. Ole Skovsmose, *Towards a philosophy of critical mathematics education*, Dordrecht: Kluwer Academic Publishers, 1994.

Uma educação nesse modelo não merece ser chamada como tal. Nada mais é que um treinamento de indivíduos para executar tarefas específicas. Os objetivos são intelectualmente muito pobres. Indivíduos passando por isso talvez saiam capacitados como mão de obra para execução de trabalhos de rotina. Mas como será sua participação ampla numa sociedade moderna e democrática?[5] Como fica o componente crítico, que deveria ser dominante num modelo educacional conduzindo à cidadania plena? Como pensar o indivíduo na plenitude de seu ser e ao mesmo tempo integrado na sociedade?

Conceituo *educação* como uma estratégia da sociedade para facilitar que cada indivíduo atinja o seu potencial e para estimular cada indivíduo a colaborar com outros em ações comuns na busca do bem comum.

❑ *Uma definição de currículo*

Qual seria uma definição de currículo? Assim como o taylorismo estabelece um estilo de produção e é uma estratégia para executar essa produção, podemos definir: *Currículo* é a estratégia para a ação educativa.

Ao analisarmos currículo, identificamos seus três componentes: objetivos, conteúdos e métodos. Naturalmente esses três componentes estão integrados num mesmo processo e temos uma interessante representação cartesiana para o currículo:

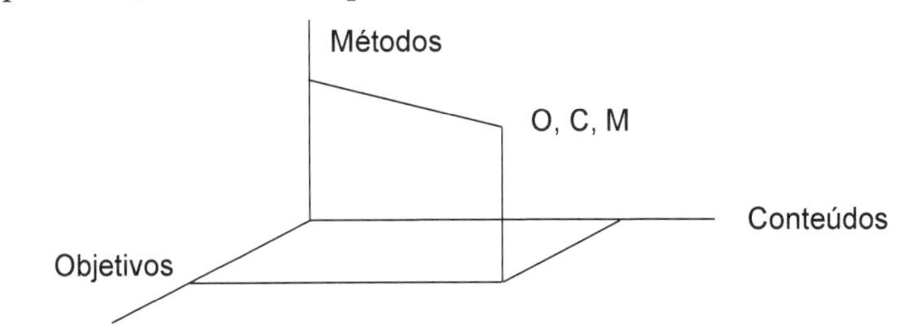

5. Veja o capítulo de minha autoria "Cultural framing of mathematics teaching and learning", *Didactics of mathematics as a scientific discipline*, eds. R. Biehler, R.W. Scholz, R. Strässer e B. Winkelmann, Dordrecht, Kluwer Academic Publishing, 1993, pp. 443-445.

Claramente, objetivos, conteúdos e métodos são solidários. Podemos exemplificar essa observação recorrendo à análise do que se passou com a chamada matemática moderna. Uma das razões mais fortes do seu fracasso foi o fato de terem sido alterados conteúdos sem uma adequada reformulação de objetivos e de métodos. E, sem dúvida, as dificuldades de implementação do uso de calculadoras e computadores nas escolas esbarram com a insistência de se querer manter os conteúdos e os objetivos tradicionais: habilidade em operações e resolução de problemas-tipo. Calculadoras e computadores devem ser acompanhados por uma reformulação de conteúdos, deixando de lado coisas que só se justificam por estar no programa há muito tempo, e passando para coisas modernas, que não poderiam ser abordadas sem essa tecnologia. E o objetivo não é, naturalmente, ter alguém capacitado a repetir coisas desligadas da realidade de hoje, isto é, passar em testes e exames que são absolutamente artificiais.

Isso é verdade em todas as disciplinas da escola. Como diz Robert Reich, ex-secretário de Trabalho dos Estados Unidos, na sua bela proposta de educação do futuro, "testes padronizados continuam, como antes, a ser um método muito preciso para medir pouca coisa além da habilidade de crianças fazerem testes padronizados".[6]

Essa citação leva-nos a refletir sobre os testes padronizados, que são uma forma ainda mais inútil e enganadora de se proceder a avaliação do que os exames e testes comuns, e que lamentavelmente começam a ser propostos no Brasil e em muitos outros países como medidas de melhoria do ensino. Deixo muito clara minha opinião: exames e testes nada dizem sobre aprendizagem e criam enormes deformações na prática educativa. De fato, além de não dizerem nada, os testes e exames têm efeito negativo. Veja-se o excelente programa de pesquisa de Teresa Amabile, relatado no seu importante livro, publicado há cerca de dez anos, mas infelizmente pouco conhecido pelos educadores brasileiros.[7]

---

6. Robert B. Reich, *The work of nations*, Nova York: Vintage Books, 1992, p. 227.
7. Teresa Amabile, *The social psychology of creativity*, Nova York: Springer-Verlag, 1983.

Mas alguém dirá: avaliação é necessária em tudo o que se faz, por que não em educação? Com razão, avaliação é necessária e pode ser feita de uma forma muito conveniente. Mas não essa avaliação que se pratica nos sistemas educativos.

❑ *Proposta de um modelo de avaliação*

O processo educacional é global e na verdade sempre produz resultados positivos, mas muitas vezes não aqueles que pretendíamos. Na verdade, a cada instante da vida há aprendizado, normalmente sem interferência da escola ou do professor. Numa sala de aula, o que se está apreendendo nessa concepção holística do que é aprendizagem? Muito sobre muitas coisas, provavelmente tendo pouca relação com o que o professor pretendia que o aluno aprendesse. A avaliação serve para que o professor verifique o que de sua mensagem foi passado, se seu objetivo de transmitir ideias foi atingido – transmissão de ideias e não a aceitação e a incorporação dessas ideias e muito menos treinamento.

No caso de estudos teóricos, isso pode ser atingido mediante uma análise de como a aula foi recebida pelo aluno, qual o conteúdo que ficou após aquela hora em que o professor tentou transmitir algo. Isso pode ser visto por meio de um *relatório-avaliação* da aula, entregue para o professor na aula seguinte. Trata-se de um relatório escrito, reconhecendo que o mundo moderno exige a escrita em praticamente todas as ações. Além disso, é amplamente admitido que, por intermédio da escrita, o indivíduo pode, mais facilmente, reconhecer seu próprio processo cognitivo e assim encaminhar adequadamente esse processo. Metacognição da qual essa é uma estratégia, é uma das mais promissoras direções que vêm tomando as ciências cognitivas. Mesmo em matemática, a adoção de escrita vem sendo defendida.[8]

---

8. Veja Bob M. Drake e Linda B. Amspaugh, "What writing reveals in mathematics", *Focus on Learning Problems in Mathematics* n. 3, 1994, vol. 16, pp. 43-50.

O relatório-avaliação como venho praticando há muitos anos depende de algumas regras: 1. identificação do aluno, do professor, da disciplina, do tema da aula, da data e do número da aula; 2. uma síntese do conteúdo da aula em *espaço limitado,* isto é, um relatório não excedendo, digamos, uma lauda; 3. bibliografia e referências pertinentes, *não repetindo aquelas fornecidas ou sugeridas pelo professor*; 4. comentários e sugestões sobre a aula, o tema e a disciplina, não excedendo, digamos, dez linhas.

Isso pode ser feito mediante um formulário do tipo:

RELATÓRIO-AVALIAÇÃO

NOME DO ALUNO:
NOME DA DISCIPLINA:
NOME DO PROFESSOR:
TEMA DA AULA:

DATA:

SÍNTESE DA AULA:

30 linhas
ou
300 palavras
ou
3.000 toques
ou 25 cm
ou
...
...

BIBLIOGRAFIA PERTINENTE:

não aquela fornecida pelo professor

COMENTÁRIOS DO ALUNO:

Por que essa proposta:

1. A cada aula o aluno deve localizar o tema tratado, inseri-lo na disciplina, que constitui um trabalho continuado. Isso ajuda o aluno a, em cada aula, manter uma unidade de temas. Por que o nome do aluno e do professor? Curioso notar que muitos professores chegam ao final do ano sem saber os nomes de seus alunos. E, igualmente, alunos terminam o ano sem saber o nome do professor. Saber isso *interessa* a ambas as partes. E repetição ajuda a reter na memória coisas que interessam.
2. Limitar o espaço é uma estratégia para desenvolver a capacidade de síntese. Naturalmente, uma aula bem gravada ou bem anotada permite um relatório longo. Porém, para se colocar o conteúdo num espaço limitado é necessário um grau de compreensão do tema. E, além disso, a vida diária requer, em todas as áreas de atividade, a capacidade de sintetizar ideias em espaço predeterminado.
3. A oportunidade de o aluno se manifestar sobre temas que ele julga relacionados com o tema da aula é muito importante. Ele se sente valorizado. E isso pode ajudar a enriquecer os conhecimentos do professor.
4. Como o aluno está sentindo que suas expectativas com relação ao curso vêm sendo satisfeitas? O que poderia ser feito pelo professor para melhorar sua aula e sua apresentação? E muitas vezes saber que seu trabalho está satisfazendo é estimulante para o professor.

Essa proposta parte da aceitação do fato de que o docente está num processo permanente de aprimorar sua prática e nada melhor para isso do que ele próprio conhecer seu desempenho por meio de relatórios dos que estão participando dessa prática. Não se trata de dar uma nota ao professor, aprová-lo ou reprová-lo, mas sim de dar a ele os elementos para analisar sua prática. Da mesma maneira, o professor está interessado em saber o quanto da mensagem que ele pretendia dar aos alunos foi passado e como ela foi compreendida. Se a sua mensagem não foi captada, é interessante voltar ao tema, explicando-o de outro modo. Se sua mensagem foi captada em geral, mas um ou outro aluno demonstrou, no relatório, não ter captado a essência da mensagem, cabe ao professor verificar o que se passa com esses alunos. Se for necessário, ajudá-los a superar dificuldades ou motivá-los. Na verdade, é uma forma de avaliar a ação do professor como um todo, em que não cabe reprovar um aluno.

Outra tarefa que é parte da avaliação é um *resumo analítico*. Isso se assemelha muito às fichas de leitura, pouco comuns em matemática, mas que devem ser estimuladas. Essencialmente, esses resumos analíticos ajudam a desenvolver uma disciplina de leitura e de relato de experiências importantes no processo educativo. Quando falo em leitura, incluo assistir a filmes e vídeos, teatro, ouvir uma música, assistir a um jogo, enfim qualquer experiência que deve ser analisada e interpretada.

Um modelo de resumo analítico está a seguir.

RESUMO ANALÍTICO

TÍTULO (em português):

TÍTULO (no original):

AUTOR(ES):

AFILIAÇÃO INSTITUCIONAL DO(S) AUTOR(ES):

ENTIDADE PATROCINADORA DA PUBLICAÇÃO:

financiadora, por exemplo Capes, CNPq, Fapesp etc.

DADOS DA PUBLICAÇÃO:

se *livro*, editora, cidade, ano de publicação, número de páginas;
se *artigo*, revista, volume, número, data, páginas em que o artigo aparece;

se *documento*, entidade responsável, cidade, número de identificação, número de páginas;
se *filme*, produtor, distribuidor, data, número de minutos.

PALAVRAS-CHAVE:

de um *thesaurus* ou *subject classification index* etc.

DESCRIÇÃO DO TRABALHO:

10 linhas
ou
....

OBJETIVOS DO TRABALHO:
5 linhas, preferivelmente começando com um verbo

FONTES UTILIZADAS PELO AUTOR:
METODOLOGIA DE TRABALHO DO AUTOR:
CONCLUSÕES DO AUTOR:

10 linhas

COMENTÁRIOS DO RELATOR:

essencialmente, uma opinião crítica sobre o trabalho

DADOS DO RELATOR:

nome, instituição, endereço

Note-se que essa prática dos relatórios deve ser aplicada em todos os níveis, desde a pré-escola até a pós-graduação, tanto na escola formal quanto na não formal. Particularmente em matemática, que depende fortemente de um sistema de códigos e símbolos, a escrita é um elemento importante para o processo de decodificação, o que permite a contextualização.

A leitura de artigos e de livros recomendados numa aula é muito importante e deve ser parte integrante da prática educativa. As razões para adotar esses resumos analíticos são muito semelhantes às que foram dadas para o relatório-avaliação.

Culminando o processo de avaliação, é importante um trabalho de fim de curso, de natureza monográfica, mais amplo que um resumo analítico, mais no espírito de um *ensaio-resenha*.

Muitos professores perguntam como aplicar isso numa classe com muitos alunos. Claro, se a classe tem poucos alunos e o professor tem tempo, é muito importante acompanhar o progresso dos alunos e o seu próprio desempenho por meio dos relatórios e resumos.

No caso de uma classe com muitos alunos, um processo aleatório "abrandado" é muito apropriado. A fórmula mais interessante é a seguinte: numa classe com M alunos e N aulas previstas, podem-se em cada aula selecionar M/N relatórios de modo aleatório, mas recusando quem já tenha sido selecionado. Assim, todo aluno terá a oportunidade de ter pelo menos um relatório escolhido durante o período da disciplina. Claro, se o professor tiver possibilidade, pode selecionar o dobro, o triplo, até N vezes esse número. Mas todos devem entregar em todas as aulas os relatórios ou resumos da aula anterior.

Em cada aula, o professor inicia com um comentário sobre os relatórios ou resumos que selecionou para aquela aula. Naturalmente, sem identificar o aluno, mas apontando as coisas positivas e as negativas que notou na sua leitura dos relatórios ou resumos. Erros e acertos são extremamente importantes para motivar explicações. Não se trata de corrigir, mas de deter indicadores do que foi assimilado pela classe.

Não havendo correção, o professor se pergunta: "Mas como dou nota?". Afinal, as escolas exigem uma nota.

O melhor é fazer cada relatório entregue ter um valor. Se há N aulas no período, numa escala de 0 a 10 cada relatório valerá 10/N. Isso significa que o aluno que entregar todos os relatórios e resumos terá nota 10.

Já antecipo o protesto: mas os alunos receberão nota alta não pelo que sabem. Os professores ficarão surpresos vendo que a distribuição de notas assim dadas se enquadra num sino! Há alguns reprovados, uns poucos com nota alta e a maioria com notas médias. O fato é que as provas convencionais pouco dizem sobre o que o aluno sabe.

Para dirimir dúvidas, eu proponho três exercícios para os professores:

1. dê uma prova, corrija normalmente e divulgue os resultados sem comentários adicionais. Três meses depois dê a mesma prova aos mesmos alunos – *claro, sem avisar* –, corrija e confronte os resultados.
2. se você está ensinando equações utilizando a, b, c... como coeficientes e pedindo para achar o valor das incógnitas x, y..., dê uma prova usando x, y, z... como coeficientes e pedindo para achar a, b, c... – *claro, sem prevenir*.
3. se você está ensinando trigonometria e utiliza α, β, γ para ângulos, dê um teste utilizando M, N, P para ângulos e veja o que acontece.

Isso serve para mostrar que a avaliação mediante testes e exames diz muito pouco sobre aprendizagem. Na verdade, os alunos passam em testes para os quais *são treinados*. É essencial distinguir *educação* de *treinamento*. O objetivo dos relatórios e resumos é estimular uma reflexão sobre o processo de aprendizagem do aluno.

Do ponto de vista dos efeitos da avaliação para o aluno, o mais importante é que ele tome consciência de seu progresso. Não conhecer um determinado assunto, seja por falta de interesse, seja por falta de capacidade para apreender esse tema, não é grave desde que o aluno tenha consciência de suas limitações. Falta de capacidade é muito difícil de definir e como educadores não nos cabe reprovar. Reprovação, assim como seleção de indivíduos para certas posições ou funções, é missão de outro profissional, de outras instituições, normalmente representativas de camadas da sociedade interessadas em ter o serviço de cidadãos para certas tarefas. Selecionar ou filtrar cidadãos para tarefas específicas não é educação.

Ao conceituar educação como uma estratégia da sociedade para facilitar que cada indivíduo atinja o seu potencial e para estimular cada indivíduo a colaborar com outros em ações comuns na busca do bem comum, estou reconhecendo que a missão de educadores é levar essa estratégia ao máximo. Como educadores de uma certa disciplina, nós a usamos como um instrumento para cumprir essa missão, como já foi dito na Introdução.

No caso de estudos práticos, isto é, disciplinas de características práticas ou manuais, o relatório-avaliação é a execução de uma tarefa mostrando criatividade. Quando se quer ensinar um indivíduo ou um grupo a realizar uma tarefa, o processo deverá chegar à efetiva consecução dessa tarefa.

Naturalmente, muitos poderão ver aí um retorno a provas e a exames. Absolutamente não! Fazer algo é concretizar um projeto. Jamais a repetição de técnicas, a mera demonstração de habilidade ou de capacidade para resolver um problema de tipo já conhecido. Isso é resultado de treinamento. Não há nesses casos um ato de criatividade, não há a demonstração de capacidade de reunir conhecimentos variados para lidar com uma situação nova e global.

Um exemplo é o método de projetos executados em grupo. Isso permite ter uma ideia de como os indivíduos se relacionam, de como são capazes de unir esforços para atingir uma meta comum e de como são capazes de reconhecer lideranças e submissões. Isso só deve servir para orientar o professor no trabalho com cada aluno, para que ele conheça sua atuação em sociedade e sua personalidade e, com base nisso, exerça sua tarefa de educador. Os conteúdos usados no projeto constituem não um objetivo em si, mas o veículo utilizado para conduzir o processo. Naturalmente, um subproduto é a aquisição de conteúdos.

Concluindo, avaliação deve ser uma orientação para o professor na condução de sua prática docente e jamais um instrumento para reprovar ou reter alunos na construção de seus esquemas de conhecimento teórico e prático. Selecionar, classificar, filtrar, reprovar e aprovar indivíduos para isto ou aquilo não são missão de educador. Outros setores da sociedade devem se encarregar disso.

4

A PESQUISA EM EDUCAÇÃO MATEMÁTICA E UM NOVO PAPEL PARA O PROFESSOR

Entre teoria e prática persiste uma relação dialética que leva o indivíduo a partir para a prática equipado com uma teoria e a praticar de acordo com essa teoria até atingir os resultados desejados.

Toda teorização se dá em condições ideais, e somente na prática serão notados e colocados em evidência certos pressupostos que não podem ser identificados apenas teoricamente. Isto é, partir para a prática é como um mergulho no desconhecido.

Pesquisa é o que permite a interface interativa entre teoria e prática.

Não há dúvida quanto à importância do professor no processo educativo. Propõem-se tanto educação a distância quanto outras utilizações de tecnologia na educação, mas nada substituirá o professor. Todos esses serão meios auxiliares para o professor. Mas este, incapaz de se utilizar desses meios, não terá espaço na educação. O professor que insistir no seu papel de fonte e transmissor de conhecimento está fadado a ser dispensado pelos alunos, pela escola e pela sociedade em geral. O novo papel do professor será o de gerenciar, de facilitar o processo de aprendizagem e, naturalmente, de interagir com o aluno na produção e na crítica de novos conhecimentos, e isso é essencialmente o que justifica a pesquisa.

❑ *A sociedade do conhecimento e a pesquisa*

Estamos entrando na era do que se costuma chamar a "sociedade do conhecimento". A escola não se justifica pela apresentação de conhecimento obsoleto e ultrapassado e muitas vezes morto. Sobretudo ao se falar em ciências e tecnologia. Será essencial para a escola estimular a aquisição, a organização, a geração e a difusão do conhecimento vivo, integrado nos valores e nas expectativas da sociedade. Isso será impossível de atingir sem a ampla utilização de tecnologia na educação. Informática e comunicações dominarão a tecnologia educativa do futuro.

O grande desafio para a educação é pôr em prática hoje o que vai servir para o amanhã. Pôr em prática significa levar pressupostos teóricos, isto é, um saber/fazer acumulado ao longo de tempos passados, ao presente. Os efeitos da prática de hoje vão se manifestar no futuro. Se essa prática foi correta ou equivocada só será notado após o processo e servirá como subsídio para uma reflexão sobre os pressupostos teóricos que ajudarão a rever, reformular, aprimorar o saber/fazer que orienta nossa prática.

O elo entre passado e futuro é o que conceituamos como *presente*. Se as teorias vêm do conhecimento acumulado ao longo do passado e os efeitos da prática vão se manifestar no futuro, o elo entre teoria e prática deve se dar no presente, na ação, na própria prática. E isso nos permite conceituar *pesquisa* como o elo entre teoria e prática.

Sendo a pesquisa o elo entre teoria e prática, parte-se para a prática, e portanto se fará pesquisa, fundamentando-se em uma teoria que, naturalmente, inclui princípios metodológicos que contemplam uma prática. Mas um princípio básico das teorias de conhecimento nos diz que as teorias são resultado das práticas. Portanto, a prática resultante da pesquisa modificará ou aprimorará a teoria de partida. E assim modificada ou aprimorada essa teoria criará necessidade e dará condições de mais pesquisa, com maiores detalhes e profundidade, o que influenciará a teoria e a prática. Nenhuma teoria é final, assim como nenhuma prática é definitiva, e não há teoria e prática desvinculadas. A aceitação desses pressupostos conduz à dinâmica que caracteriza a geração e a organização do conhecimento:

... teoria —> prática —> teoria —> prática —> teoria...

Não é difícil convencer de que qualquer proposta de pesquisa válida, com significado e efeito social, enquadra-se nessa conceituação.

Infelizmente, o conceito de pesquisa válida passa por outras considerações. Normalmente o conceito de pesquisa em educação ampara-se na "moda" prevalecente na época. Os pesquisadores procuram se identificar com uma linha de pesquisa, dizendo-se piagetianos, ou vygotskianos, ou ausubelianos, ou construtivistas, radicais ou sociais, ou de outras linhas.

Há certo pedantismo nos professores ao se rotularem disto ou daquilo e utilizarem um jargão sofisticado e mistificador. Isso revela ao mesmo tempo uma enorme falta de autoconfiança. Ao se dizerem seguidores de um teórico consagrado, julgam estar se prestigiando. E poucos têm coragem de ancorar suas teorizações nas suas próprias reflexões e práticas.

O que se vê nas dissertações e teses reforça esse quadro. Tipicamente, os primeiros capítulos são revisões bibliográficas e descrição de pressupostos teóricos, onde se fala o que outros falaram. No meio da dissertação ou tese o candidato descreve sua pesquisa, normalmente aplicando em outra situação o que autores prestigiados já fizeram. E finalmente, muito timidamente e geralmente em poucas páginas, o autor "força" algumas conclusões para não contrariar muito o que outros disseram. Em geral, as defesas são um lamentável desfilar de esnobação sobre se o consagrado autor disse mesmo aquilo ou queria dizer outra coisa. Além disso, muito tempo e energia dos examinadores são usados em trabalho cartorial, procurando erros de ortografia, de concordância e de citações imprecisas. Claro, tudo isso reflete distorções sobre o que é pesquisa nas ciências sociais.

Na ânsia de dar mais rigor às pesquisas, desenvolveu-se com muita intensidade no século passado, e sobretudo nos Estados Unidos da América, o que se chamou "pesquisa quantitativa", isto é, trabalhar com amostragem e inferências estatísticas. Não há dúvida de que para inúmeras áreas do conhecimento, quando se lida com grandes populações, isso é importante e pode nos dar alguma indicação de um modelo de comportamento mais provável. Ervilhas, produção industrial, distribuição demográfica e inúmeros outros aspectos da sociedade e da natureza se beneficiam enormemente do conhecimento daquilo que é mais provável.

Hoje, a chamada pesquisa quantitativa, a etnográfica, a pesquisa participante e o estudo de caso vêm ganhando crescente aceitação. São variantes da mesma ideia, em grande parte próxima à pesquisa antropológica, de focalizar a investigação na complexidade do indivíduo inserido num contexto cultural, natural e social.

Embora a pesquisa tenha nos ensinado muito sobre o que se dá no processo de aprendizagem, as teorias mais recentes de cognição parecem ter dificuldades para penetrar o ambiente educacional. O reconhecimento de que a aprendizagem é intrínseca à espécie e que se dá num contínuo, desde o nascimento – possivelmente mesmo anterior ao nascimento – até a morte, parece ter dificuldade de ser incorporado à prática educativa.

Particularmente em matemática, parece que há uma fixação na ideia de haver necessidade de um conhecimento hierarquizado, em que cada degrau é galgado numa certa fase da vida, com atenção exclusiva durante horas de aula, como um canal de televisão que se sintoniza para as disciplinas e se desliga acabada a aula. Como se fossem duas realidades disjuntas, a da aula e a de fora da aula.

A educação enfrenta em geral grandes problemas. O que considero mais grave, e que afeta particularmente a educação matemática de hoje, é a maneira deficiente como se forma o professor.

Há inúmeros pontos críticos na atuação do professor, que se prendem a deficiências na sua formação. Esses pontos são essencialmente concentrados em dois setores: falta de capacitação para conhecer o aluno e obsolescência dos conteúdos adquiridos nas licenciaturas.

❑ *O que faz um bom professor*

Tem havido muita discussão e muito tem sido escrito sobre isso. Com razão se pensa no resultado futuro da ação do professor.

Mas há uma dicotomia enorme entre o comportamento na sala de aula e o resultado como desempenho do aluno no futuro. É comum ouvir-se: "Fulano é adorado pelos alunos, mas cinco anos depois os alunos estarão ressentidos, pois perceberão que nada aprenderam" ou a afirmação dual: "Eu sofri demais quando fui aluno do professor Tal, chorava nas suas provas e vivia angustiado. Mas valeu, pois aprendi muito com ele".

Na verdade, essas são falsas interpretações do que é educação. De qualquer maneira, em ambos os casos estão envolvidos valores afetivos e conteudistas e a impressão de haver uma contradição entre ambos. O ideal é o aprender com prazer ou o prazer de aprender, e isso relaciona-se com a postura filosófica do professor, sua maneira de ver o conhecimento, e do aluno – aluno também tem uma filosofia de vida. Essa é a essência da filosofia da educação.

Para dizer se um professor é bom, há testes, critérios, regras e tanto mais. Tem havido muita pesquisa sobre isso.[1] Eu sintetizo as qualidades de um professor em três categorias: 1. emocional/afetiva; 2. política; 3. de conhecimentos.

Ninguém poderá ser um bom professor sem dedicação, sem preocupação com o próximo, sem amor num sentido amplo. O professor passa ao próximo aquilo que ninguém pode tirar de alguém, que é conhecimento. Conhecimento só pode ser passado adiante por meio de uma doação. O verdadeiro professor passa o que sabe não em troca de um salário (pois, se assim fosse, melhor seria ficar calado 49 minutos!), mas somente porque quer ensinar, quer mostrar os truques e os macetes que conhece.

Sabe-se que há professores que ministram muito bem suas aulas, têm uma classe ótima e com bom rendimento, mas que não contam aquele truquezinho que se usa num certo tipo de equação. Deixam para pedir na prova justamente esse tipo de equação. E, satisfeitos, pensam: "Agora consegui pegar esses alunos que se julgam tão sabidos. Agora eles estão nas minhas mãos". Conseguem pegar

1. Talvez a melhor referência ainda seja *The new handbook of faculty evaluation*, eds. Jay Millman e Linda Darling-Hammond, Sage, 1990.

os alunos, e as classes estão em suas mãos! Sua fama de "duro" corre; outros admiram "o quanto ele sabe" e alguns poucos, que têm um talento natural para matemática e que conseguem desvendar o truque, sentem-se realizados. Mas esses professores não estão na classe do que eu considero um educador. Têm mais vocação para caçador! Isso está ligado à visão de humanidade e à percepção de ser humano que esses professores têm.

Igualmente, o professor não é o sol que ilumina tudo. Sobre muitas coisas ele sabe bem menos que seus alunos. É importante abrir espaço para que o conhecimento dos alunos se manifeste. Como uma vez disse Guimarães Rosa: "Mestre é aquele que às vezes pára para apreender". Daí a grande importância de se conhecer o aluno, exigindo do professor uma característica de pesquisador.

Claro, tudo isso tem relação com o comportamento mental e emocional do professor. Não há como negar as tensões inerentes ao processo educativo. Mas educar é um ato de amor. Um amor que se manifesta em não querer brilhar sozinho e tampouco sentir tensão com o brilho de um aluno que mostra saber mais que o professor. Mesmo que esse saber seja, muitas vezes, da própria especialidade do professor. Essas considerações reforçam o que já há muito vem sendo reconhecido, que é a relação estreita entre psicanálise e educação.[2]

Educação é um ato político. Se algum professor julga que sua ação é politicamente neutra, não entendeu nada de sua profissão. Tudo o que fazemos – o nosso comportamento, as nossas opiniões e atitudes – é registrado e gravado pelos alunos e entra naquele caldeirão que fará a sopa de sua consciência. Maior ou menor tempero político é nossa responsabilidade. Daí se falar tanto *em educação para a cidadania*. Com a crescente abertura política – parece que finalmente as ditaduras estão saindo de moda no mundo – torna-se essencial uma participação efetiva da população na vida política. No caso especial do Brasil, os jovens votam aos 16 anos, quando normalmente ingressam no ensino

2. Recomendo fortemente a leitura do artigo de E.J. Pajak "Teaching and the philosophy of the self", *American Journal of Education* n. 1, 1981, vol. 90, pp. 1-13.

médio. Sua formação política sadia, a preparação para o exercício pleno da cidadania, é talvez o maior objetivo do sistema escolar.[3]

A responsabilidade maior do professor vai, portanto, além da sua disciplina específica. Mas hoje cidadania implica conhecimento. Afinal, estamos numa "sociedade do conhecimento", como diz Peter F. Drucker no seu livro de 1993.[4] O conhecimento está subordinado ao exercício pleno da cidadania e, consequentemente, deve ser contextualizado no momento atual, com projeções para o futuro. Como essas coisas têm sido abordadas na educação matemática? Acho que não estarei errando ao dizer que em geral esse aspecto tem sido ignorado pelos educadores matemáticos.[5] O grupo internacional denominado Political Dimensions of Mathematical Education/PDME tem tido uma importante atuação. Já realizou três conferências internacionais: em Londres, em 1989; na Cidade do Cabo, em 1992; e em Bergen, em 1995. Sem dúvida, a abordagem mais clara a essa problemática é dada, no Brasil, pelo trabalho de Gelsa Knijnik com o "Movimento dos sem-terra".[6] Nos Estados Unidos destacam-se os trabalhos de Arthur Powell e de Marilyn Frankenstein.[7]

É fundamental na preparação para a cidadania o domínio de um conteúdo relacionado com o mundo atual. O significado disso nas disciplinas das áreas sociais – geografia, história, literatura etc. – não é contestado. Embora mesmo nessas disciplinas ainda haja muito a desejar com relação a uma tonalidade política, tem havido muito progresso e uma aceitação geral de que isso seja importante. Porém

---

3. Veja o capítulo de minha autoria intitulado "Cultural framing of mathematics teaching and learning", em *Didactics of mathematics as a scientific discipline*, eds. R. Biehler, R.W. Scholz, R. Strässer e B. Winkelmann, Dordrecht: Kluwer Academic Publishing, 1993, pp. 443-445.
4. Peter F. Drucker, *Post-capitalist society*, Nova York: Harpner Business, 1993. Os capítulos sobre educação são particularmente interessantes.
5. Um dos trabalhos publicados no Brasil sobre isso é de Eduardo Sebastiani Ferreira, "Cidadania e educação matemática", *A Educação Matemática em Revista* (Sbem) n. 1, 1993, vol. 1, pp. 12-18.
6. Gelsa Knijnik, *Exclusão e resistência. Educação matemática e legitimidade cultural*, Porto Alegre: Artmed, 1996.
7. Marilyn Frankenstein, *Relearning mathematics. A different third R: Radical mathematics*, Londres: Free Association Books, 1889.

em matemática ainda há muita incompreensão a esse respeito. Muitos perguntam o que significa em matemática uma dimensão política. E ainda muitos defendem ser a matemática independente do contexto cultural. Já me referi a isso no Capítulo 2.

A educação para cidadania, que é um dos grandes objetivos da educação de hoje, exige uma "apreciação" do conhecimento moderno, impregnado de ciência e tecnologia. Assim, o papel do professor de matemática é particularmente importante para ajudar o aluno nessa apreciação, bem como para destacar alguns dos importantes princípios éticos a ela associados.

A formação de professores de matemática é, portanto, um dos grandes desafios para o futuro. A proposta de Beatriz S. D'Ambrosio sobre quais deverão ser as características desejadas em um professor de matemática no século XXI parece-me a resposta a esse novo papel do professor de matemática. Ela diz que o professor de matemática deverá ter: 1. Visão do que vem a ser a matemática; 2. Visão do que constitui a atividade matemática; 3. Visão do que constitui a aprendizagem da matemática; 4. Visão do que constitui um ambiente propício à aprendizagem da matemática.[8]

Particularmente importante é a incorporação, na educação matemática, de uma preocupação com o ambiente. Embora haja muito progresso nessa direção e se notem boa pesquisa e boas propostas curriculares visando a essa incorporação, a sua plena aceitação na educação matemática ainda é um problema.[9]

❑ *Pondo em prática uma nova conceituação de currículo*

As teorizações acima são, do ponto de vista da educação matemática, muitas vezes rejeitadas. Sobretudo porque implicam uma profunda reconceituação de currículo. O que vem a ser currículo?

---

8. Beatriz S. D'Ambrosio, "Formação de professores de matemática para o século XXI: O grande desafio", *Pro-Posições* n. 1 (10), março 1993, vol. 4, pp. 35-41.
9. Veja meu artigo "Aspectos culturais do desenvolvimento sustentável", *Humanidades* n. 4, 1994, vol. 10, pp. 300-311.

Repetindo o que foi definido no Capítulo 3, *currículo* é a estratégia para a ação educativa.

O ponto crítico é a passagem de um currículo cartesiano, estruturado previamente à prática educativa, a um currículo dinâmico, que reflete o momento sociocultural e a prática educativa nele inserida. O currículo dinâmico é contextualizado no sentido amplo. Mas o currículo cartesiano, tradicional, baseado nos componentes objetivos, conteúdos e métodos, obedece a definições obsoletas de objetivos de uma sociedade conservadora. Nessas condições, ensinam-se conteúdos que num determinado momento histórico tiveram sua importância e que são transmitidos segundo uma metodologia definida *a priori*, sem conhecer os alunos. Os objetivos da educação matemática que hoje ainda são citados refletem um estado do mundo com uma ordem estabelecida pelas relações coloniais.

Embora não entrando em detalhes, o leitor sem dúvida concordará que o ideal de uma educação igualitária, democrática e não discriminatória é defendido por todos – embora ainda difícil de ser conseguido.[10] Mas no início do século XX as propostas educacionais reforçavam a manutenção do *status quo*. Também do ponto de vista cognitivo, obviamente uma ciência de cognição respondendo aos interesses dominantes da sociedade, defendia-se uma educação baseada numa estratificação de indivíduos em faixas etárias e em "níveis de desenvolvimento intelectual", ignorando totalmente as experiências e expectativas de cada indivíduo incorporadas à sua história individual e coletiva. Como objetivos específicos da educação matemática recorria-se a argumentos insustentáveis pela sua generalidade, tais como ajudar a desenvolver um bom raciocínio e pensar com lógica e clareza.[11] O

---

10. Ilustro essa observação com um exemplo da história recente. O *Plano decenal de educação* do Ministério de Educação e Cultura, Brasília, foi elaborado em 1994, com ampla movimentação de todas as camadas da sociedade brasileira e participação de praticamente todos os interessados. Foi um trabalho de grande vulto. É de causar estranheza que esse plano esteja aparentemente esquecido. Parece que, como muita legislação brasileira, "não pegou". É lamentável que grandes mudanças estruturais em educação, que levam tempo para serem implementadas, muitas vezes sejam rapidamente alteradas.
11. Em meu capítulo sobre objetivos da educação matemática no Terceiro Congresso

elenco de conteúdos propostos para atingir esses objetivos era um desfilar de conteúdos mortos e, portanto inúteis, transmitidos com uma metodologia mistificada e mistificadora.

O currículo dinâmico reconhece que nas sociedades modernas as classes são heterogêneas, reconhecendo-se entre os alunos interesses variados e enorme gama de conhecimentos prévios. Os alunos têm naturalmente grande potencial criativo, porém orientado em direções imprevistas e com as motivações mais variadas. O currículo, visto como estratégia de ação educativa, leva-nos a facilitar a troca de informações, conhecimentos e habilidades entre os alunos e entre professor/alunos, por meio de uma socialização de esforços em direção a uma tarefa comum. Isso pode ser um projeto, uma atividade, uma discussão, uma reflexão e inúmeras outras modalidades de ação comum, em que cada um contribui com o que sabe, com o que tem, com o que pode, levando seu empenho ao máximo na concretização do objetivo comum.

Reconhece-se aí a definição bem geral que adotamos no Capítulo 3: *educação* é uma estratégia desenvolvida pelas sociedades para facilitar e estimular a ação comum ao mesmo tempo em que dá a cada um oportunidade de atingir seu pleno potencial criativo. Claro, cada um se realiza plenamente nessa ação comum. A redução de tensões competitivas e sua substituição pela cooperação são um fator positivo no estímulo à criatividade.[12]

A função do professor é a de um associado aos alunos na consecução da tarefa e, consequentemente, na busca de novos conhecimentos. Alunos e professores devem crescer, social e intelectualmente, no processo.

Internacional de Educação Matemática, realizado em Karlsruhe, Alemanha, em 1976, condeno os currículos cujos objetivos não respondiam à dinâmica da sociedade em transição. Eram simplesmente uma versão disfarçada da mesmice dos currículos tradicionais. Embora quase 40 anos já tenham se passado, ainda considero válidos aqueles argumentos, publicados em *Nuevas Tendencias de la Educación Matemática IV*, Paris, Unesco, 1979, como Capítulo IX ("Objectivos y metas de la educación matemática: Por que ensinar matemáticas?").

12. Veja as importantes pesquisas de Teresa Amabile, sintetizadas no seu livro *The social psychology of creativity*, Nova York: Springer-Verlag, 1983.

5

A PRÁTICA NA SALA DE AULA

Cada indivíduo tem a sua prática. Todo professor, ao iniciar sua carreira, vai fazer na sala de aula, basicamente, o que ele viu alguém, que o impressionou, fazendo. E vai deixar de fazer algo que viu e não aprovou. Essa memória de experiências é impregnada de emocional, mas aí entra também o intuitivo – aqueles indivíduos que são considerados "o professor nato". Mas sem dúvida o racional, isto é, aquilo que se aprendeu nos cursos, incorpora-se à prática docente. E à medida que a vamos exercendo, a crítica sobre ela, mesclada com observações e reflexões teóricas, vai nos dando elementos para aprimorá-la. Essa nossa prática, por sua vez, vai novamente solicitar e alimentar teorizações que vão, por sua vez, refletir em sua modificação. O elo entre teoria e prática é o que chamamos pesquisa.

❏ *O que é pesquisa?*

Voltamos a um tema que já foi discutido no Capítulo 4, mas que é da maior importância para o trabalho na sala de aula.

TEORIA	P E S Q U I S A	PRÁTICA

Pesquisa, portanto, é o elo entre teoria e prática. Claro, em situações extremas alguns se dedicam a um lado desse elo e fazem pesquisa chegando a teorias baseando-se na prática de outros. Outros estão do outro lado e exercem uma prática, que é também uma forma de pesquisa, baseada em teorias propostas por outros. Em geral ficamos numa situação intermediária entre esses extremos, exercendo o que praticamos e refletindo sobre isso, e, consequentemente, melhorando nossa prática.

Há toda uma mistificação em torno de pesquisa. Há professores universitários que se mantêm em empregos graças ao fato de fazerem pesquisas que são aplaudidas e reconhecidas pelos seus pares. Lembro-me de um colega que não dava aulas – pois se dizia que ele sabia tanto que não conseguia "descer" ao nível dos alunos!!! – e conseguia se manter como estrela no departamento, pois fazia pesquisa e publicava; mas em todos os seus seminários e conferências começava dizendo: "O que eu faço é tão especializado e avançado que só umas duas ou três pessoas no mundo conseguem entender". E os ouvintes passavam uma hora ouvindo o que, conforme o próprio conferencista havia previsto, não conseguiam entender. E esse indivíduo se aposentou com o maior prestígio – claro, prestígio só entre o círculo de colegas assombrados. Em outros círculos jamais sua presença foi notada nem ele contribuiu coisa alguma para a humanidade. Esse é um exemplo de mistificação em torno de pesquisa. E não é um fenômeno apenas brasileiro.

É interessante tecer alguns comentários a esse respeito. Há uma tendência no Brasil, e de fato em inúmeros países, sobretudo naqueles em desenvolvimento, de buscar modelos no exterior. Acredita-se que a pesquisa lá é mais bem conduzida e que andaríamos melhor copiando e imitando soluções de outros. Engano. Sem dúvida, temos muito a aprender de outros e a saída de brasileiros para pós-graduação e estágios no exterior e para participação em conferências, congressos, seminários e outros eventos é da mais alta importância. Mas dentro do país se faz muita coisa boa e o intercâmbio no interior dele é também muito importante. Particularmente em educação matemática, o Brasil tem propostas muito interessantes. Há muita pesquisa e de bom nível em andamento no país.[1]

Criam-se critérios para dizer se uma pesquisa é boa ou não, se é metodologicamente aceitável ou não, se é rigorosa ou não, e daí vários outros elementos de mistificação.

Um exemplo muito interessante refere-se ao movimento chamado matemática moderna ou *new mathematics* nos Estados Unidos. Uma observação sobre o que ele chama "o desastre da nova matemática" foi muito bem feita por John Eisenberg, do Ontario Institute for Studies in Education:

> A fraqueza fundamental deste e de outros programas é que eles são pensados para produzir resultados cognitivos, sociais e morais e afetivos específicos, sem prestar atenção aos contextos nos quais eles são dados, e sem reconhecer que nenhum programa pode *garantir com certeza* a criação de resultados de aprendizagem, habilidades ou sociais. Tais programas não só ignoram quão únicos são os estudantes, professores, administradores e instituições envolvidas, mas, o que é ainda mais sério, ignoram a indeterminação inerente à situação, que é o aspecto-chave da existência humana.[2]

---

1. Hoje, publicações da Sociedade Brasileira de Educação Matemática (Sbem) e revistas como *Bolema, Zetetiké,* entre outras, permitem conhecer as principais áreas de pesquisa em Educação Matemática em desenvolvimento no país. Um número especial da importante revista *ZDM – The International Journal of Mathematics Education* – representativo de consideráveis pesquisas de nível internacional que se fazem no Brasil – é denominado *Tapestry of Trends in Mathematics Education,* de M.C. Borba e U. D'Ambrosio (editores), vol. 42, n. 3-4, Berlim/Heidelberg: Springer Verlag, jun. 2010.
2. John Eisenberg, "The limits of educational research: Why most research and grand plans in education are futile and wasteful", em *Curriculm Inquiry* n. 4, 1995, vol. 25, pp. 367-380.

Essencialmente, Eisenberg diz que, mesmo se baseando em teorias e princípios válidos, as reformas educacionais embasadas em pesquisa são inócuas. Como consequência, podemos dizer que a pesquisa é algo intrínseco à prática e que não há muita relevância em uma pesquisa desvinculada da prática. O professor na sala de aula efetivamente contribui, mesmo que sua pesquisa seja olhada com desdém e às vezes até não seja reconhecida pelos acadêmicos.

Etimologicamente, pesquisa está ligada a investigação, a busca (= *quest*), a *research* (*search* = procura); e a ideia, sempre a mesma, é a de mergulhar na busca de explicações, dos porquês e dos comos, com foco em uma prática. Claro, o professor está permanentemente num processo de busca de aquisição de novos conhecimentos e de entender e conhecer os alunos. Portanto, as figuras do professor e do pesquisador são indissolúveis.

O fato é que pesquisa é inerente à própria vida. Todos exercem uma prática – isto é, fazem – e isso com suporte em alguma teorização – isto é, sabem. O *Novo dicionário Aurélio* dá três acepções para a palavra pesquisa, que essencialmente significa buscar com diligência, investigar, informar-se a respeito, indagar, devassar.

❑ *Matemática experimental, modelos e projetos*

Para muitos, isso soa estranho. Matemática experimental? O caráter experimental da matemática foi removido do ensino e isso pode ser reconhecido como um dos fatores que mais contribuíram para o mau rendimento escolar. Os professores das ciências naturais, sobretudo biologia, parecem ter sido mais arrojados em propor uma abertura do currículo levando o aluno a fazer, quando adotaram o método de projetos. Mais recentemente, o estudo das ciências ambientais serviu para encorajar ainda mais a inovação nessa área. Em menor escala o ensino da física e da química também tem mostrado inovações. O mais resistente tem sido a matemática.[3]

---

3. Uma relação de projetos nas várias áreas de ensino de ciências e matemática

Uma importante modalidade de projetos são os modelos matemáticos.[4] Essencialmente, a utilização de modelos matemáticos depende de uma rotina de ações que está sintetizada no esquema seguinte:

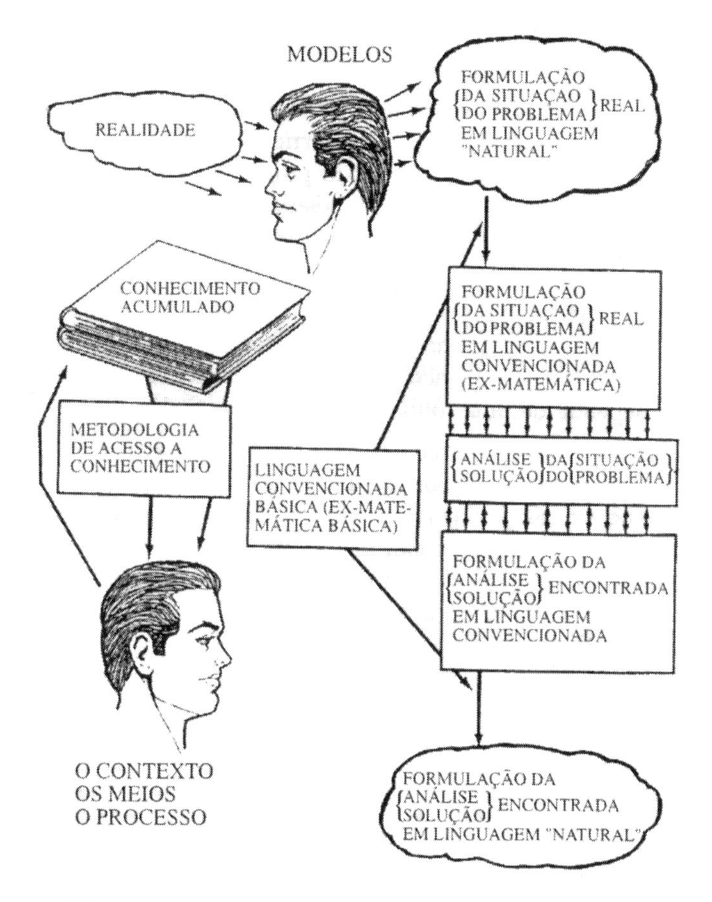

está no livro *O ensino de ciências e matemática na América Latina,* coord. Ubiratan D'Ambrosio, Campinas: Unicamp/Papirus, 1984.

4. Veja Ubiratan D'Ambrosio, "Modelos matemáticos do mundo real", em *Ciência Interamericana* n. 1-2, 1980, vol. 20, pp. 4-7. A Sociedade Brasileira de Educação Matemática (Sbem) fez publicar o número temático da *Revista de Educação Matemática da Sbem* n. 4, 1994, sobre o tema "Modelos matemáticos". Aí se veem inúmeros exemplos de modelagem possíveis de serem usados nos cursos de educação básica e de ensino superior.

Essa metodologia está presente no método de projetos e nos desenvolvimentos de matemática experimental. Na verdade, é possível conduzir um curso de matemática em qualquer nível com essa metodologia. Um exemplo de como isso pode ser feito no ensino fundamental é uma sequência de textos desenvolvida num projeto do Ministério de Educação na Unicamp a partir de 1973. Foram desenvolvidos módulos de geometria experimental, de funções e de equações, com o objetivo de levar os alunos a fazer e a refletir sobre o seu fazer.[5]

O professor interessado nessa metodologia não terá dificuldades em encontrar inúmeros exemplos. Tem havido muitos *workshops* nos congressos de educação matemática e em eventos menores onde essas novas práticas são apresentadas. Na vida profissional do professor é essencial que ele esteja em contato com as organizações profissionais de sua área.

O conceito de formação de professor exige um repensar. É muito importante que se entenda que é impossível pensar no professor como já formado. Quando as autoridades pensam em melhorar a formação do professor, seria muito importante um pensar novo em direção à educação permanente. Na verdade, a ideia que vem sendo aceita como mais adequada é uma formação universitária básica de dois anos, seguida de retornos periódicos à universidade *durante toda a vida profissional*.

Todos se lembram da "licenciatura curta", que foi tão combatida nos anos 1970. Pois é justamente essa ideia que prevalece e que faz muito sentido. Não como uma medida emergencial, mas como um fator de melhoria de qualidade na formação do professor. Agora que já estão superadas as objeções que estavam – muito corretamente na época – ancoradas em argumentos de natureza política, talvez fosse apropriado retomar o assunto das licenciaturas curtas dentro de um esquema de formação permanente.

---

5. *Geometria experimental* (Livros do Aluno e Livro do Professor), Projeto Premen-MEC/Imecc-Unicamp, 1985. Os quatro fascículos devem estar disponíveis no MEC (ISBN 85-222-0171-4).

Na situação de hoje os profissionais recebem um credenciamento permanente que lhes permite seguir exercendo a profissão rotineiramente, por 30 ou 40 anos seguidos, sempre do mesmo jeito, com aquilo que aprenderam na universidade. Como é possível evitar assim a obsolescência e o esclerosamento profissional? Claro, nas empresas isso é simples: o indivíduo ou se atualiza ou perde o emprego. Mas ainda há muitas medidas de proteção ao empregado – justas em muitos casos – que permitem que o esclerosado continue em função e não possa ser despedido. Mas no magistério o prejuízo social é enorme. O que se dá é a fuga dos alunos. Essa fuga manifesta-se mais evidentemente por meio da evasão pura e simples, mas de uma forma insidiosa mediante o protesto de ir mal nas provas.

Muitos professores perguntam: "Mas como sair dessa, o que fazer?". Se as autoridades educacionais não tomam a iniciativa de corrigir essa situação calamitosa, se os empregadores preferem descartar professores obsoletos em vez de dar a eles uma atualização, a carga fica com o próprio professor. Cabe a ele cuidar da sua própria atualização e do seu aprimoramento profissional.

Uma das coisas mais notáveis com relação à atualização e ao aprimoramento de métodos é que não há uma receita. Tudo o que se passa na sala de aula vai depender dos alunos e do professor, de seus conhecimentos matemáticos e, principalmente, do interesse do grupo.

Praticamente tudo o que se nota na realidade dá oportunidade de ser tratado criticamente com um instrumental matemático. Como um exemplo, temos os jornais, que todos os dias trazem muitos assuntos que podem ser explorados matematicamente.[6] O que se pede aos professores é que tenham coragem de enveredar por projetos.

---

6. O livro de John Allen Paulus, *A mathematician reads the newspapers* (Nova York: Basic Books, 1995), essencialmente diz que os jornalistas modernos deveriam necessariamente incluir dados quantitativos nas suas reportagens e mencionar a maneira como esses dados foram obtidos. Paulus também exemplifica como deve ser uma leitura crítica desses dados. No mesmo espírito é o livro de Marilyn Frankenstein já citado no Capítulo 4, nota 7.

Um projeto favorito com os primeiros anos do ensino fundamental é contar as folhinhas em um gramado.

Outro projeto interessante começa com um estudo comparativo de alturas e tamanhos de pé numa classe. Será que quem é mais alto tem pé maior? Correlacionar dimensões é muito importante. E a questão-chave é:

> Poderia existir alguma constante
>
> = altura/tamanho do pé,
>
> assim como
>
> "pi" = comprimento da circunferência/diâmetro?

Só em torno dessa questão pode-se trabalhar todo um semestre de matemática, simplesmente usando uma fita métrica e uma calculadora, e alguma leitura de suporte. Pode-se, inclusive, fazer muita história da matemática com base nesse tema, por exemplo explorando o livro de Vitruvius, já citado no Capítulo 2.

Outro projeto é fazer um mapa do trajeto da casa para a escola. Esse exemplo pode ser tratado em vários anos, aumentando o nível de sofisticação: trajeto topológico, trajeto cartesiano, trajeto em escala, distância total de percurso, tempo empregado no percurso, velocidade média no percurso, calorias consumidas no trajeto e muitos outros elementos. Depende de como o professor vê a motivação da classe.

Muitos estão se perguntando: "Mas e a matemática *de verdade*, isto é, as fórmulas e os teoremas?". Claro, isso também tem lugar e deve ser tratado, mas com muito bom-senso.

Por exemplo, o caso clássico de demonstrar por indução que

$$1+2^2+3^2+...+n^2 = {}^{n}/_{6}\,(n+1)\,(2n+1)$$

dá oportunidade de inúmeras abordagens.

Ou o famosíssimo teorema dizendo que nos poliedros convexos o número de vértices menos o número de arestas mais o número de faces é sempre igual a 2, isto é,

$$V - A + F = 2.$$

Claro, um ou outro aluno vai encontrar nesses exemplos seu interesse e, quem sabe, mesmo sua vocação de matemático. Mas para a enorme maioria, isso não faz qualquer sentido, é desinteressante e obviamente inútil. Temos tido experiência de muitos jovens, principalmente os de menor idade, dos primeiros anos do ensino fundamental II, que gostam de brincar com essas fórmulas. No primeiro caso, usando uma calculadora. No segundo, contando os números de vértices, de arestas e de faces em sólidos e verificando a fórmula. Matemática é isso. Também com uma calculadora, trabalhar com "fatorial" – simplesmente achar 6!, dividir 6! por 5! e outros exemplos do tipo – tem se mostrado muito atrativo.

É possível que exemplos desse tipo consigam despertar algum interesse entre os jovens se dissermos que desde mais de dois mil anos muita gente tem ficado famosa por se interessar por essas questões. Mas como justificar a aprovação ou reprovação de alunos por não se interessarem por nenhuma dessas motivações e por serem ou não serem capazes de papaguear essas demonstrações num exame? Da mesma maneira que é impossível justificar, aprovar ou reprovar alguém pela sua capacidade ou não de efetuar $^{12}/_{21} + ^{25}/_{33}$ ou 125767 x 678953. Nada disso é essencial em geral.

Deixo aqui para os leitores, professores de matemática, alguns exercícios para trabalhar esses conteúdos. São três exercícios interessantes: 1. demonstrar a fórmula da soma dos quadrados dos inteiros; 2. demonstrar a fórmula de Euler; 3. efetuar, com todas as explicações e todos os "porquês", as duas contas do fim do parágrafo acima.

Para os cursos de licenciatura, as aulas de conteúdo seriam muito mais interessantes se, em vez de dar uma lista de pontos tradicional, que geralmente é fria e desconectada, fossem estudados, em muito dos seus aspectos – teóricos, históricos, experimentais, de aplicações –, fórmulas e resultados importantes e gerais. Daria para fazer um currículo para licenciatura, muito melhor que os currículos atuais, com "três pontos": 1, 2 e 3, da listinha de exercícios acima. Lamentavelmente, os alunos acabam um curso de licenciatura e tornam-se professores sem conhecer o conteúdo do *Liber abbaci*.[7] E alguns desses ainda têm coragem de se declarar contra o uso de calculadoras!

Eu vou mais longe: os próprios bacharelados e pós-graduações, que pretendem formar pesquisadores matemáticos, deveriam introduzir disciplinas monográficas com ementas reduzidas às questões 1, 2 e 3. E, para dizer que não falei de 3º e 4º graus, proponho que se ofereça uma disciplina cuja ementa, sintetizando 20 séculos de matemática, é simplesmente

$$e^{i\pi} + 1 = 0.$$

Se quiserem um programa para outro semestre de pós-graduação, que na verdade pode ser estendido por quantos anos quiserem, aí vai:

estudos em torno de $x^n + y^n = z^n$.

A construção de papagaios, de aviõezinhos de papel, os resultados de jogo de futebol e, naturalmente, o noticiário econômico – todos dão grandes oportunidades de discutir matemática.

Muitos perguntam: "Por que não se fazia isso em outros tempos?". Muito se fazia nas aulas de trabalhos manuais, que eram parte do currículo até 40 anos atrás. Mas era quase impossível fazer quantificações e por isso trabalhos manuais não eram considerados

---

7. Um livro muito importante e interessante, que poderia ser adotado com muito proveito nas licenciaturas, é de José Francisco Marques, *Introdução à teoria dos números*, Piracicaba: Editora da Unimep, 1993.

matemática. Era impossível fazer quantificações, pois é sempre necessário trabalhar com números grandes e não inteiros. A dificuldade de manipular essas contas com o método tradicional de al-Kwarizmi/Fibonacci era enorme. Hoje isso se tornou trivial com as calculadoras e daí a possibilidade de recuperar a experimentação em matemática.

❑ *A pesquisa qualitativa*

Sempre que se pensa em pesquisa em educação, vem a ideia de fazer uma tomada de dados, aplicar um questionário e uma estatística. Isso é típico do que se chama pesquisa quantitativa e que foi dominante na educação. Qualquer trabalho sem um tratamento estatístico não poderia ser chamado pesquisa. Felizmente isso caiu, e mesmo a revista mais importante da área, *Journal of Research in Mathematics Education*, passou a aceitar artigos de pesquisa qualitativa.

A pesquisa qualitativa é muitas vezes chamada etnográfica, ou participante, ou inquisitiva, ou naturalística. Em todas essas nomenclaturas, o essencial é o mesmo: a pesquisa é focalizada no indivíduo, com toda a sua complexidade, e na sua inserção e interação com o ambiente sociocultural e natural. O referencial teórico, que resulta de uma filosofia do pesquisador, é intrínseco ao processo. Naturalmente a interação pesquisador-pesquisado é fundamental e por isso essa modalidade é muitas vezes chamada pesquisação. Não é surpreendente o fato de essa modalidade de pesquisa ser típica dos antropólogos. Há uma boa literatura disponível sobre isso.[8]

O principal é um desenho qualitativo para se abordar uma questão. Desde que a questão envolva seres humanos, são essenciais a

---

8. Veja a interessante coletânea organizada por Maria A.V. Bicudo e Vitoria H.C. Esposito, *Pesquisa qualitativa em educação* (Piracicaba, Editora da Unimep, 1994), que é apoiada na fenomenologia. Veja também o livro de Carlos Rodrigues Brandão (org.), *Pesquisa participante*, São Paulo: Brasiliense, 1990.

descrição e a reconstrução de cenários culturais, o que é normalmente chamado uma *etnografia*.[9]

A pesquisa qualitativa organiza-se em algumas etapas:

1. Formulação das questões a serem investigadas com base no referencial teórico do pesquisador;
2. Seleção de locais, sujeitos e objetos que constituirão o foco da investigação;
3. Identificação das relações entre esses elementos;
4. Definição de estratégias de coleção e análise de dados;
5. Coleção de dados sobre os elementos selecionados no item 2 e sobre as relações identificadas no item 3;
6. Análise desses dados e refinamento das questões formuladas no item 1 e da seleção proposta no item 2;
7. Redefinição de estratégias definidas no item 4;
8. Coleta e análise dos dados.

A validação da pesquisa qualitativa é menos direta que no caso da pesquisa quantitativa, em que critérios matemáticos são sempre utilizados. Por isso a pesquisa quantitativa é muitas vezes chamada positivista.

Na pesquisa qualitativa a validação é muito influenciada por critérios subjetivos, mas tem um bom grau de rigor com base na metodologia da pesquisa. Essencialmente, o registro dos dados deve ser o mais referenciado possível: se escrito, data, local e hora das anotações, com elementos identificadores dos locais e objetos descritos e dos indivíduos entrevistados; se gravado ou fotografado, as fitas devem ter esses mesmos dados. A análise dos dados depende de uma fundamentação teórica que, obviamente, depende do pesquisador e de suas interpretações. Assim, a pesquisa qualitativa é

---

9. Um livro excelente é de Judith Preissle Goetz e Margaret Diane LeCompte, *Ethnography and qualitative design in educational research*, Orlando: Academic Press, 1984.

muitas vezes chamada hermenêutica. Mas não é apropriado elaborar sobre isso neste livro.[10]

Fica também muito claro que essa modalidade de pesquisa depende muito de o pesquisador estar em atividade na sala de aula como professor.[11]

❑ *A sala de aula*

Ao começar a aula, o professor tem uma grande liberdade de ação. Dizer que não dá para fazer isso ou aquilo é desculpa. Muitas vezes é difícil fazer o que se pretende, mas cair numa rotina é desgastante para o professor. A propósito, hoje é comum nas propostas para melhoria de eficiência profissional a recomendação de evitar a rotina. Recomenda-se que nenhum profissional deve fazer a mesma coisa por mais de quatro ou cinco anos. A aparente aquisição de uma rotina de execução conduz à falta de criatividade e consequentemente à ineficiência. Mas, o que é mais grave, ao estresse. Sobretudo no magistério, o estresse tem sido apresentado como uma das causas mais frequentes de inabilitação profissional. Inúmeros estudos conduzidos pela Organização Internacional do Trabalho indicam ser o magistério uma das profissões mais estressantes. Além das dificuldades intrínsecas à profissão, temos um dos mais baixos índices salariais do mundo.

Sabe-se que é comum um professor dar aulas repetidas vezes no mesmo ano. Sobretudo nas universidades, é muito comum o professor que repetidamente, às vezes até por 20 anos, leciona Cálculo II. Dificilmente se poderia pensar em maior absurdo. Deve ser tolerado um máximo de três anos para se ensinar num mesmo ano ou uma mesma disciplina, principalmente em se tratando de professores de matemática. Para as demais disciplinas há uma reciclagem do

---

10. Isso é muito bem discutido no livro citado na nota anterior.
11. O livro de José Valdir Floriani, *Professor e pesquisador* (Blumenau: Editora da Furb, 1994), aborda muito bem essa questão.

conhecimento que resulta da própria dinâmica do conhecimento disciplinar. Por exemplo, um professor de geografia política não consegue dar aulas com o mesmo conteúdo nem mesmo no curso de um ano. No caso da matemática, a atitude falsa e até certo ponto romântica de que a matemática é sempre a mesma e a crendice de que o que era há dois mil anos ainda é hoje produzem verdadeiros fósseis vivos entre nossos colegas.

É interessante tirar um pouco a impressão de que o professor inova simplesmente mudando o arranjo das carteiras na sala! Há pouco li num noticiário que haveria um grande progresso num sistema educacional: as autoridades arrumaram as carteiras de modo que não haverá mais aquele enfileiramento, agora será tudo em círculo! Mas no noticiário esqueceram de dizer se o professor continuaria "quadrado" ou não. É claro que com qualquer arranjo o professor pode se comportar da mesma maneira, pode continuar sendo autoritário, impositor, impostor – faz que sabe quando não sabe – e insensível aos alunos. O fundamental não é mudar o arranjo de móveis na sala, mas mudar a atitude do professor.

Sempre guardamos na nossa lembrança a imagem de um mestre curioso, sempre querendo conhecer mais, e também do mestre amigo, dedicado aos seus alunos, interessado nos seus problemas. E dizemos que o bom professor reúne essas qualidades. No Capítulo 4 já falei sobre o que considero um bom professor. Ao destacar as qualidades que acabo de mencionar, estou diretamente sugerindo que ser um pesquisador é próprio de ser professor.

De fato, o professor-pesquisador vem se mostrando como o novo perfil do docente. Pesquisador em ambas as direções: buscar o novo, junto com seus alunos, e conhecer o aluno, em suas características emocionais e culturais. Para conhecer o aluno, uma das técnicas possíveis é a análise transpessoal. Lamentavelmente, a análise transpessoal é não só ignorada, mas, às vezes, até rejeitada nos currículos da disciplina "psicologia", que é aquela na qual se estudam técnicas de conhecer o aluno – indivíduo e classe.

Para encontrar o novo em colaboração com os alunos, uma das melhores estratégias é o método de projetos. Mas isso não exclui aulas expositivas, no estilo de conferências, que continuam tendo grande importância, em todos os níveis de escolaridade formal e não formal.

Ao se tratar de curso, não é possível que as aulas expositivas dominem o programa. Por exemplo, o curso típico tem três aulas por semana. Dessas, uma pode ser expositiva. Porém, aula expositiva não significa um professor falando e alunos ouvindo passivamente durante 50 minutos. Deve haver uma dinamização adequada.

Vou fazer uma proposta baseada num esquema em cinco etapas. A distribuição de tempo é muito importante no planejamento de uma aula. Na proposta a seguir, essa distribuição está em minutos e em percentagem do tempo total. Uma aula ou conferência típica dura 50 minutos. O ideal é empregar para esse esquema dois períodos.

1. Apresentação/introdução (no caso de conferência ou de primeira aula, é importante que o expositor seja apresentado ou se autoapresente. No caso de curso, isso se faz na primeira aula. Nas aulas seguintes esse período é usado para comentar relatórios da aula anterior: cinco minutos ou 10% do tempo);
2. Exposição (formal, com transparências e outros recursos: 25 minutos ou 50% do tempo);
3. Diálogo (os assistentes conversam entre si, socializando suas observações e reflexões em pequenos grupos: cinco minutos ou 10% do tempo);
4. Questões ao expositor (a sessão clássica de perguntas e respostas: dez minutos ou 20% do tempo);
5. Exposição final (fechamento do tema: cinco minutos ou 10% do tempo).

Pode parecer uma trivialidade propor um esquema de distribuição de tempo. Mas o fato é que a estratégia de condução da aula é muito importante. Essa estratégia deve ser claramente explicitada no início da apresentação. Com isso é possível uma apresentação sem interrupção.

O diálogo é importante e dar oportunidade para essa prática é uma estratégia que vem sendo mais e mais adotada. O objetivo principal do diálogo é criar um ambiente menos inibidor para os ouvintes. Refiro-me à inibição em dois sentidos. Alguns têm uma boa pergunta para fazer, mas sentem inibição de formulá-la. O grupo pequeno desinibe e ajuda a aprimorar a questão para ser feita em plenário. Outros têm uma pergunta trivial e desinteressante, que pode se esgotar no grupo pequeno. O fato é que a qualidade da sessão de perguntas e respostas é muito melhorada com essa estratégia.

Ao lecionar um curso com um número maior de aulas, as aulas expositivas devem ser equilibradas com sessões de trabalho. Criar uma dinâmica de grupo de trabalho é muito importante num curso. Pode-se desenvolver muito bem o trabalho em grupo por meio do método de projetos.

O método de projetos é pouco reconhecido nos currículos da disciplina "metodologia", que é onde deveria ser estudado nas licenciaturas e nos cursos de magistério.

Tentei apresentar neste capítulo alguns exemplos de como exercer uma outra prática na aula.[12]

---

12. Um estudo mais aprofundado desse tema, com especial referência ao ensino de ciências e mais exemplos de vários países da América Latina, está em Ubiratan D'Ambrosio, *Several dimensions of science education. A latin american perspective*, Santiago: Cide/Reduc, 1992.

6

DA GLOBALIZAÇÃO À *GLOCALIZAÇÃO*: MULTICULTURALISMO E ETNOMATEMÁTICA

Como resultado de conflitos entre nações e estados, os povos indígenas perderam terras, língua e liberdade.

Com a ampla difusão da informática e dos meios de comunicação digital, a educação passa a focar culturas locais, com suas características próprias, suas necessidades e seus desejos específicos. Existe uma evidente transformação das indústrias e dos serviços, procurando satisfazer condições locais. O mesmo deve se passar com a educação.

Há alguns anos, surgiu um neologismo, a *glocalização*, que tenta conciliar dois conceitos aparentemente conflitantes, o global e o local. Na verdade, o global resulta de relações que se estabelecem entre contextos, que são locais. Essas relações ganham intensidade graças aos novos meios de informação e comunicação.

A globalização é resultado da possibilidade de grupos de humanos procurarem novos *habitats*, desde tempos pré-históricos. A localização ou contextualização é o reconhecimento de que memórias, mitos, linguagem, hábitos cotidianos, valores, fazeres e saberes evoluem a partir de raízes culturais historicamente estabelecidas. A combinação dessas duas características do ser humano é o fenômeno da *glocalização*.

A globalização será discutida adiante como um fato histórico, e a localização ou contextualização constituem a essência do multiculturalismo e da etnomatemática, que também serão discutidos neste capítulo.

❑ *A educação multicultural e o programa etnomatemática*

Dentre os vários questionamentos que levam à preservação de identidades nacionais, muitos se referem ao conceito de conhecimento e às práticas associadas a ele. Talvez o mais importante a destacar seja a percepção de uma dicotomia entre saber e fazer, que prevalece no mundo chamado "civilizado" e que é própria dos paradigmas da ciência moderna, como criada por Descartes, Newton e outros.

Surgindo praticamente ao mesmo tempo que as grandes navegações, a conquista e a colonização, a ciência moderna se impôs como uma forma de conhecimento racional, originado das culturas mediterrâneas e substrato da eficiente e fascinante tecnologia moderna. Definiram-se, com base no ponto de vista das nações centrais, conceituações estruturadas e dicotômicas de saber (conhecimento) e de fazer (habilidades).

É importante lembrar que está em plena vigência no Brasil o Plano Decenal de Educação para Todos 1993-2003 do Ministério de Educação e do Desporto/MEC. O Plano Decenal inspira-se e repousa na Declaração de Nova Deli (16 de dezembro de 1993), da qual o Brasil é signatário e que é explícita ao reconhecer que

> a educação é o instrumento preeminente da promoção dos valores humanos universais, da qualidade dos recursos humanos e do respeito pela diversidade cultural (2.2) (e que) os conteúdos e métodos de educação precisam ser desenvolvidos

> para servir às necessidades básicas de aprendizagem dos indivíduos e das sociedades, proporcionando-lhes o poder de enfrentar seus problemas mais urgentes – combate à pobreza, aumento da produtividade, melhora das condições de vida e proteção ao meio ambiente – e permitindo que assumam seu papel por direito na construção de sociedades democráticas e no enriquecimento de sua herança cultural. (2.4)

Nada poderia ser mais claro nessa declaração que o reconhecimento da subordinação dos conteúdos programáticos à diversidade cultural que impera num país como o Brasil. Igualmente o reconhecimento de uma variedade de estilos de aprendizagem, implícito no apelo ao desenvolvimento de novas metodologias. Essencialmente, essas considerações determinam uma enorme flexibilidade tanto na seleção de conteúdos quanto na metodologia.

❑ *O processo de globalização*

A abordagem a distintas formas de conhecer é a essência do programa etnomatemática. Na verdade, diferentemente do que sugere o nome, etnomatemática não é apenas o estudo de "matemáticas das diversas etnias". Para compor a palavra *etno matema tica* utilizei as raízes *tica*, *matema* e *etno* para significar que há várias maneiras, técnicas, habilidades (*tica*) de explicar, de entender, de lidar e de conviver (*matema*) com distintos contextos naturais e socioeconômicos da realidade (*etno*).[1]

A disciplina denominada matemática é na verdade uma etnomatemática que se originou e desenvolveu na Europa, tendo

---

1. A revista *For the Learning of Mathematics* (n. 2, junho 1994, vol. 14) é inteiramente dedicada à etnomatemática, cujo grande objetivo é o estudo de outras formas de conhecimento. Igualmente, a Sociedade Brasileira de Educação Matemática (Sbem) resolveu dedicar o primeiro número (ano I, n. 1, 2º semestre de 1994) de sua revista temática, *A Educação Matemática em Revista*, ao tema "etnomatemática".

recebido algumas contribuições das civilizações indiana e islâmica, e que chegou à forma atual nos séculos XVI e XVII e então foi levada e imposta a todo o mundo a partir do período colonial. Hoje adquire um caráter de universalidade, sobretudo em virtude do predomínio da ciência e da tecnologia modernas, desenvolvidas a partir do século XVII na Europa.

Essa universalização é um exemplo do processo de globalização que estamos testemunhando em todas as atividades e áreas de conhecimento. Falava-se muito das multinacionais. Hoje as multinacionais são na verdade empresas globais, para as quais não é possível identificar uma nação ou grupo nacional dominante.

A proposta de globalização já começa a se definir no início do cristianismo e do islamismo. Diferentemente do judaísmo, do qual essas religiões se originaram, bem como de inúmeras outras crenças nas quais há um povo eleito, o cristianismo e o islamismo são essencialmente religiões de conversão de toda humanidade à mesma fé, de todo o planeta subordinado à mesma igreja. Isso fica evidente no processo de expansão do Império Romano cristianizado e do Islão.

O processo de globalização da fé cristã aproxima-se do seu ideal com as grandes navegações. O catecismo, elemento fundamental da conversão, é levado a todo o mundo. Assim como o cristianismo é um produto do Império Romano levado a um caráter de universalidade com o colonialismo, também o são a matemática, a ciência e a tecnologia.

No processo de expansão, o cristianismo foi se modificando, absorvendo elementos da cultura subordinada e produzindo variantes notáveis do cristianismo original do colonizador. Esperar-se-ia que, igualmente, as formas de explicar e conhecer a realidade sociocultural e natural – bem como de lidar e conviver com ela –, obviamente distintas de região para região, e que são as razões de ser da matemática, das ciências e da tecnologia, passassem por esse processo de "aclimatação", resultado de uma dinâmica cultural. No entanto, isso não se deu e não se dá e esses ramos do conhecimento adquiriram um caráter de absoluto universal. Não admitem variações ou qualquer tipo de relativismo. Isso se incorporou até no dito popular "tão certo quanto dois mais dois são quatro". Não se discute o fato, mas sua contextualização na forma de uma construção simbólica que é ancorada em todo um passado cultural.

❑ *A matemática e a etnomatemática*

A matemática tem sido conceituada como a ciência dos números e das formas, das relações e das medidas, das inferências, e as suas características apontam para precisão, rigor, exatidão. Os grandes heróis da matemática, isto é, aqueles indivíduos historicamente apontados como responsáveis pelo avanço e pela consolidação dessa ciência, são identificados na Antiguidade grega e, posteriormente, na Idade Moderna, nos países centrais da Europa, sobretudo Inglaterra, França, Itália, Alemanha. Os nomes mais lembrados são Tales, Pitágoras, Euclides, Descartes, Galileu, Newton, Leibniz, Hilbert, Einstein, Hawkings. São ideias e homens originários da Europa, ao norte do Mediterrâneo.

Portanto, falar dessa matemática em ambientes culturais diversificados, sobretudo em se tratando de nativos ou afro-americanos ou outros não europeus, de trabalhadores oprimidos e de classes marginalizadas, além de trazer a lembrança do conquistador, do escravista, enfim do dominador, também se refere a uma forma de conhecimento que foi construída por ele, dominador, e da qual ele se serviu e se serve para exercer seu domínio. Mas isso também se passa com calças *jeans*, que agora começam a substituir todas as vestes tradicionais, com a Coca-Cola, que está por deslocar o guaraná, ou com o *rap*, que está se popularizando tanto quanto o samba. Mas a conotação que tem a matemática de infalibilidade, de rigor, de precisão e de ser um instrumento essencial e poderoso no mundo moderno torna sua presença exclusiva de outras formas de pensamento.

Na verdade, ser racional é identificado com dominar a matemática. A matemática apresenta-se como um deus mais sábio, mais milagroso e mais poderoso que as divindades tradicionais e outras tradições culturais.

Se isso pudesse ser identificado apenas como parte de um processo perverso de aculturação, por meio do qual se elimina a criatividade essencial ao ser (*verbo*) humano, eu diria que essa escolarização é uma farsa. Mas é pior, pois na farsa, uma vez terminado o espetáculo, tudo volta ao que era, ao passo que na educação o real é substituído por uma situação que é idealizada para satisfazer os objetivos do dominador. Nada volta ao real ao terminar a experiência educacional. O aluno tem suas raízes culturais que, parte de sua identidade, são eliminadas no processo. Isso é evidenciado, de maneira trágica, na educação indígena. O índio passa pelo processo educacional e não é mais índio... mas tampouco branco. Sem dúvida a elevada ocorrência de suicídios entre as populações indígenas está associada a isso.

Uma pergunta natural depois dessas observações: Seria então melhor não ensinar matemática aos nativos e aos marginalizados? Essa pergunta aplica-se a todas as categorias de saber/fazer próprios da cultura do dominador, com relação a todos os povos que mostram uma identidade cultural. Poder-se-ia reformular a questão: Seria melhor desestimular ou mesmo impedir que as classes populares vistam *jeans* ou tomem Coca-Cola ou pratiquem o *rap*? Naturalmente são questões falsas, e falso e demagógico seria responder com um simples *sim* ou com um *não*. Essas questões só podem ser formuladas e respondidas dentro de um contexto histórico, procurando entender a e(in?)volução irreversível dos sistemas culturais na história da humanidade. A contextualização é essencial para qualquer programa de educação de populações nativas e marginais, mas não menos necessária para as populações dos setores dominantes se quisermos atingir uma sociedade com equidade e justiça social.

Contextualizar a matemática é essencial para todos. Afinal, como deixar de relacionar os *Elementos* de Euclides com o panorama cultural da Grécia antiga? Ou a aquisição da numeração indo-arábica com o florescimento do mercantilismo europeu nos séculos XIV e XV? E descontextualizadamente não se pode entender Newton. Sem dúvida será possível papagaiar alguns teoremas, decorar tabuadas e mecanizar a efetuação de operações, e mesmo efetuar algumas derivadas e integrais, que não têm a ver com nada nas cidades, nos campos ou nas florestas. Alguns dirão que vale como a manifestação mais nobre do pensamento e da inteligência humana...

Lamentavelmente continuamos a insistir que inteligência e racionalidade estão identificadas com matemática. Que essa construção do pensamento mediterrâneo, levado à sua forma mais pura pelos povos acima do paralelo 42 N, é a essência do ser racional. E assim se justifica que esses povos tenham tratado e continuem tratando a natureza como celeiro inesgotável e a humanidade como seus servos.

❑ *O problema político*

Naturalmente há um importante componente político nessas reflexões. Apesar de muitos dizerem que isso é jargão ultrapassado de esquerda, é claro que ainda há classes dominantes e subordinadas, países centrais e periféricos.

Cabe, portanto, referirmo-nos a uma "matemática dominante", que é um instrumento desenvolvido nos países centrais e, muitas vezes, utilizado como instrumento de dominação. Essa matemática e os que a dominam apresentam-se com postura de superioridade, com o poder de deslocar e mesmo eliminar a "matemática do dia a dia". O mesmo se dá com outras formas culturais. Particularmente interessantes são os estudos de Basil Bernstein sobre a linguagem. E são muito conhecidas as situações ligadas ao comportamento, à medicina, à arte e à religião. Todas essas manifestações são referidas como cultura popular. Naturalmente, embora seja viva e praticada, a cultura popular é muitas vezes ignorada, menosprezada, rejeitada, reprimida e certamente diminuída. Isso tem como efeito desencorajar e mesmo eliminar o povo como produtor ou como entidade cultural. Isso não é menos verdade com a matemática. Em particular na geometria e na aritmética notam-se violentas contradições. Por exemplo, a geometria do povo, dos balões e dos papagaios é colorida. A geometria teórica, desde sua origem grega, eliminou a cor. Muitos leitores a essa altura estarão confusos. Estarão perguntando: "Mas que relação existe entre essas coisas? Papagaios e balões? Cores?". Mas são justamente essas as primeiras e mais notáveis experiências geométricas. E a reaproximação de arte e geometria não pode ser alcançada sem o mediador cor. Na aritmética, o atributo do número na quantificação é essencial. Duas laranjas e dois cavalos são "dois" distintos. Chegar ao "dois" sem qualificativo, abstrato, assim como à geometria sem cores, talvez seja o ponto crucial na passagem para uma matemática teórica. O cuidado com essa passagem e o trabalho adequado desse momento talvez sintetizem tudo o que há de importante nos programas de matemática elementar. O resto são técnicas que interessam pouco a poucos. Não se podem definir critérios de superioridade entre manifestações culturais. Devidamente contextualizada, nenhuma forma pode-se dizer superior a outra. Isso é bem ilustrado no livro de Mariana Kawall Leal Ferreira.[2] Por exemplo, ela mostra como o sistema binário dos xavantes foi substituído, como num passe de mágica, por um sistema "mais eficiente", de base 10. Mais eficiente por quê? Como se relaciona com o contexto xavante? Não é diferente o que se passa com a língua nativa. Mas sem qualquer dúvida, há um critério de eficiência que se aplica nas relações interculturais. Sem aprender a "aritmética do branco" o índio será enganado nas suas transações comerciais com ele. Sem dominar a língua do branco, o indígena colonizado dificilmente terá acesso à sociedade dominante. Mas isso se passa com todas as culturas. No contexto colonial africano, a importância do conhecimento matemático é evidenciada num pungente episódio da novela clássica de Céline, *Voyage au bout de la nuit*.[3]

---

2. Mariana Kawall Leal Ferreira, *Com quantos paus se faz uma canoa! A matemática na vida cotidiana e na experiência escolar indígena*, Brasília: Assessoria de Educação Escolar Indígena/MEC, 1994.
3. Louis-Ferdinand Céline, *Viagem ao fim da noite*, trad. Rosa Freire D'Aguiar, São Paulo: Companhia das Letras, 1994, pp. 145-147.

Quando queremos participar, profissionalmente, do mundo acadêmico internacional, e mesmo como um turista que aproveita bem as viagens, devemos conhecer pelo menos um pouco de inglês. Mas jamais alguém disse ou mesmo insinuou que o inglês é uma língua superior, mais importante que o português no contexto brasileiro, ou que seria indiferente se esquecêssemos o português. E muito menos que deveríamos ter acanhamento e até vergonha de falar nossa língua. Mas isso se faz com povos, em especial com os indígenas, seja na linguagem, seja nos sistemas de conhecimento em geral, e particularmente na matemática. Sua língua é rotulada inútil, sua religião torna-se "crendice", sua arte e seus rituais são folclore, sua ciência e medicina são "superstições" e sua matemática é "imprecisa" e "ineficiente", quando não "inexistente". Ora, isso se passa da mesmíssima maneira com as classes populares, mesmo não sendo índios. E é exatamente isso que se faz com uma criança, com um adolescente e mesmo com um adulto quando eles se aproximam de uma escola. Se há um elevado índice de suicídios entre os indígenas, o que nas suas relações intraculturais não é impedido, uma forma de suicídio praticada nas outras camadas da população é uma atitude de descrença, de alienamento, tão bem mostrada no filme *Kids*.[4]

Não se questionam a conveniência e a necessidade de se ensinar aos dominados a língua, a matemática, a medicina, as leis do dominador, sejam esses índios e brancos, sejam pobres e ricos, sejam crianças e adultos. Chegamos a uma estrutura de sociedade, a conceitos perversos de cultura, de nação e de soberania que impõem essa necessidade. Mas o que se questiona e condena é a agressão à dignidade e à identidade cultural daqueles subordinados a essa estrutura. Alertar para os danos irreversíveis que se podem

4. O estudo feito pelo Carnegie Council on Adolescent Development e que serviu de base para o livro de Fred M. Hechinger *Fateful choices. Healthy youth for the 21st century* (Nova York: Hill and Wang, 1992) focaliza os principais problemas afetando a juventude de hoje: sexo, gravidez precoce, drogas, álcool, morte e violência, e relaciona medidas preventivas e corretivas com o sistema educacional. Embora focalize a situação nos Estados Unidos, é muito relevante para nós.

causar a uma cultura, a um povo e a um indivíduo se o processo for conduzido levianamente, muitas vezes até com boa intenção, e fazer propostas para minimizar esses danos, é uma responsabilidade maior dos teóricos da educação. As consequências da ingenuidade e da perversidade podem não ser essencialmente diferentes.

Ainda me referindo à educação indígena, os conflitos conceituais que resultam da introdução da "matemática do branco" na educação indígena, que se manifestam, sobretudo, na formulação e na resolução de problemas aritméticos simples, são muito bem ilustrados no contexto cultural dos xavantes, dos suyás, dos kayabis e dos jurunas no trabalho já citado de Mariana K.L. Ferreira. Exemplos variados como transporte em barcos, manejo de contas bancárias e outros mostram que os indígenas dominam o que é essencial para suas práticas e para as elaboradas argumentações com o branco sobre aquilo que lhes interessa, normalmente focalizado em transporte, comércio e uso da terra. Assim, a matemática contextualiza-se como mais um recurso para solucionar problemas novos que, tendo se originado da outra cultura, chegam exigindo os instrumentos intelectuais dessa nova cultura. A etnomatemática do indígena serve, é eficiente e adequada para muitas coisas – de fato muito importantes – e não há por que substituí-la. A etnomatemática do branco serve para outras coisas igualmente muito importantes e não há como ignorá-la. Pretender que uma seja mais eficiente, mais rigorosa, enfim melhor que a outra é, se removida do contexto, uma questão falsa e falsificadora.

O domínio de duas etnomatemáticas, e possivelmente de outras, obviamente oferece maiores possibilidades de explicações, de entendimentos, de manejo de situações novas, de resolução de problemas. Mas é exatamente assim que se faz pesquisa matemática – e na verdade pesquisa em qualquer outro campo do conhecimento. O acesso a um maior número de instrumentos e de técnicas intelectuais dá, quando devidamente contextualizado, muito maior capacidade de enfrentar situações e de resolver problemas novos, de modelar adequadamente uma situação real para, com esses instrumentos, chegar a uma possível solução ou curso de ação.

Isso é aprendizagem por excelência, isto é, a capacidade de explicar, de apreender e compreender, de enfrentar, criticamente, situações novas. Aprender não é o mero domínio de técnicas, de habilidades, nem a memorização de algumas explicações e teorias.

❑ *Como conclusão*

A educação formal é baseada ou na mera transmissão (ensino teórico e aulas expositivas) de explicações e teorias, ou no adestramento (ensino prático com exercícios repetitivos) em técnicas e habilidades. Ambas as alternativas são totalmente equivocadas em vista dos avanços mais recentes do nosso entendimento dos processos cognitivos. Não se podem avaliar habilidades cognitivas fora do contexto cultural. Mas se sabe que capacidade cognitiva é uma característica de cada indivíduo. Há estilos cognitivos que devem ser reconhecidos entre culturas distintas, no contexto intercultural, e também na mesma cultura, num contexto intracultural.

Naturalmente cada indivíduo organiza seu processo intelectual ao longo de sua história de vida. Os avanços da metacognição oferecem-nos esse espaço. Ora, ao se buscar compatibilizar essas organizações intelectuais de indivíduos para tentar, dessa forma, criar um esquema socialmente aceitável, não necessariamente devem-se eliminar a autenticidade e a individualidade de cada um dos participantes desse processo. O grande desafio que se encontra na educação é justamente sermos capazes de interpretar as capacidades e a própria ação cognitiva não da forma linear, estável e contínua que caracteriza as práticas educacionais mais correntes.

A fragilidade do estruturalismo pedagógico dominante, ancorado no que chamamos de mitos da educação atual, é evidente se atentarmos para a queda vertiginosa dos resultados de educação em todo o mundo. A alternativa que propomos é reconhecer que o indivíduo é um todo integral e integrado e que suas práticas cognitivas e organizativas não são desvinculadas do contexto histórico no qual o processo se dá, contexto esse em permanente evolução. Isso é evidente na dinâmica que caracteriza a educação para todos ou educação de massa.

Minha proposta, esboçada neste livro, é a adoção de uma nova postura educacional, a busca de um novo paradigma de educação que substitua o já desgastado ensino-aprendizagem baseado numa relação obsoleta de causa-efeito.

A essência da minha proposta é uma educação universal, atingindo toda a população, proporcionando a todos o espaço adequado para o pleno desenvolvimento de criatividade desinibida, que, ao mesmo tempo que preserva a diversidade e elimina as inequidades, conduz a novas formas de relações intraculturais e interculturais sobre as quais se estruturam novas relações sociais e uma nova organização planetária. Nessa proposta está implícita uma ética, a que eu chamo *ética da diversidade*:

1. *Respeito* pelo outro com todas as suas diferenças;
2. *Solidariedade* com o outro na satisfação de necessidades de sobrevivência e de transcendência;
3. *Cooperação* com o outro na preservação do patrimônio natural e cultural comum.

Essa ética pode ser praticada em todas as nossas ações e no meu entender deveria pautar o comportamento do professor. Ela conduz à paz interior, à paz social e à paz ambiental, e como consequência à paz militar.

Atingir a paz total é nossa missão maior como educadores, em particular como educadores matemáticos.